행복한 가정의 비결

배굉호 지음

도서출판 영문

Secret of Happy Home

By
Rev. Goeng-ho Bae (Th.D)

Young Moon Publishing Co.,
Seoul, Korea

인사말

우리 인생은 누구나 행복한 가정을 만들기 원합니다. 그러나 매일 엄청난 숫자의 새로운 가정들이 탄생되지만 실제로는 모두가 행복한 생활을 하지 못하고 상당수가 도중에 깨어져 버리는 불행한 시대에 살고 있습니다. 우리나라도 결혼 한 세 쌍 중에 한 쌍이 이혼한다는 통계가 나와 충격을 받았지만 이제는 이 수치를 훨씬 넘어 이혼율이 48% 정도라는 발표가 나와 심각한 가정 위기를 맞이하고 있는 이 시대에 우리는 살아가고 있습니다.

행복한 가정을 만드는 비결이 없을까요? 당사자들은 물론 부모와 형제, 그리고 친구들 모두가 행복한 가정을 만들기 위해서 노력하고 애쓰고 있습니다. 또한 요즈음은 가정사역 전문가들도 있고, 행복한 가정을 위한 세미나와 행복한 가정 만들기에 관한 많은 종류의 책자들도 쉽게 접근할 수 있습니다. 그러나 그 행복한 가정의 비결은 가정을 세우신 하나님의 말씀 안에서 찾아 볼 수 있습니다. 하나님의 말씀 안에 행복한 가정을 위한 비결이 다 들어 있습니다. 문제는 그 말씀을 아는 것만으로 되지 않습니다. 그 말씀을 믿고 순종해야 합니다. 감사한 일은 그래도 크리스천의 가정이 상대적으로 행복하고 건전하게 살아가는 것은 늘 하나님의 말씀의 가르침 속에서 살아가려고 애쓰고 있기 때문입니다.

금번에 출간하는 "행복한 가정의 비결"은 평소에 교회에서 전파하고 가르친 말씀들입니다. 특별히 새로운 비결을 소개하는 것이 아닙니다. 그러나 하나님의 말씀은 어제나 오늘이나 변함이 없을 뿐만 아니라 모든 문제의 해결임을 확신합니다. 그리고 성경의 교육과 예수님의 교수법 역시 계속 반복하여 가르치는 것입니다. 따라서 우리는 이 책을 통해서 행복한 가정을 만드는 비결을 다시 한번 되새기며 공부한다는 마음을 가질 때 유익이 있으리라 생각됩니다.

이 책을 만들기 위해 수고하신 김상수 강도사님과 공혜숙 전도사님, 그리고 출판위원장과 위원들에게 깊은 감사드립니다.

성경은 말씀합니다. "여호와를 경외하며 그 도에 행하는 자마다 복이 있도다 네가 네 손이 수고한 대로 먹을 것이라 네가 복되고 형통하리로다"(시편 128:1-2)

2004년 4월 부활절은 지내고
남천교회에서 배굉호 드림

차례

1. 하나님이 세우신 가정(시편 127:1) … 7

2. 주 안에서의 가정(골로새서 3:18-21) … 15

3. 축복을 만드는 가정(사무엘상 1:1-11) … 33

4. 부부생활은 순결해야 합니다(고린도전서 7:1-5) … 61

5. 모범적인 부부의 헌신(사도행전 18:1-4) … 77

6. 좋은 아버지가 됩시다(누가복음 15:11-32) … 93

7. 예수님의 영적 가족을 만듭시다(마가복음 3:31-35) … 107

8. 행복한 가정을 위하여(마태복음 10:16) … 131

9. 행복한 가정을 만듭시다(골로새서 3:18-21) … 157

하나님이 세우신 가정

'여호와께서
집을 세우지 아니하시면 세우는 자의
수고가 헛되며 여호와께서 성을 지키지 아니하시면
파수꾼의 경성함이 허사로다
시편 127:1

하나님이 세우신 가정

시편 127:1

> 아름다운 가정은 부모에게 효도하는
> 가정인 동시에 자녀를 사랑하는 가정입니다. 그러나 이 모든 것이
> 하나님을 경외하는 믿음 위에서 이루어져야 합니다.

1863년 이른봄이었습니다. 미국 남북전쟁 시에 스파트실바니아(Spotsylvania)에서 남군(南軍)과 북군(北軍)이 대치하고 있었습니다. 그때 북군 취주 악대가 「성조기의 노래」를 연주하기 시작하자 남군은 「딕시」를 연주함으로 대항했습니다. 그래서 남군과 북군은 군가 싸움을 하는 판이 되었습니다. 그러자 북군의 밴드가 갑자기 군가를 중단하고서 바로 저 유명한 「홈 스위트 홈」을 연주하기 시작했습니다.

제1장 | 하나님이 세우신 가정   9

이 세상의 쾌락과 궁전 가운데로
내가 돌아다닐지라도
나를 언제나 겸손케 하는 것은
내 집 같은 곳이
다시없음이로다
하늘로부터 아름다움이
거기서 우리를 신성하게 하고
온 세계를 온통
다 찾아보아도
이런 아름다움을
다른 데서는 찾을 수 없도다

가정, 가정, 감미로운
나의 가정
내 집 같은 곳은 다시 없도다
내가 쓸쓸한
광야를 거닐면서
달을 쳐다보았을 때
나의 어머니가
당신의 자녀를 생각하고 있음을
나는 느꼈다
내 어머니가 우리 집의
사립문을 통해서
저 달을 쳐다보았을 때
그 인동덩굴 얽힌 사이로
저 달을 바라보았을 것이다
그러나 그 덤불의 향기는
이제는 나를
즐겁게 하지 못한다

가정, 가정 감미로운
나의 가정
내 집 같은 곳은 다시 없도다
정다운 아버지의
미소짓는 무릎 아래
앉는 것은 얼마나 즐거운가
그리고 나를 위로하고 달래시는
어머니의 애무도
얼마나 다정한가
다른 사람들은
새로운 쾌락을 찾아
배회할지라도
나에게는, 나에게는
다만 가정의 즐거움만을 다오

가정, 가정, 감미로운
나의 가정
내 집 같은 곳은 다시 없도다
많은 근심의 짐을 지고
나는 돌아오리라
마음의 가장 사랑스런
위로가
거기서 나를 향해
미소하리라
다시는
그 오두막집을 떠나지 않으리
그처럼 겸손한
내 집 같은 곳은 다시 없도다
가정, 가정, 감미로운
나의 가정
내 집 같은 곳은 다시 없도다

이 노래가 울려 퍼지자 쌍방의 병사들은 갑자기 조용해졌습니다. 그때 남군의 밴드도 같은 노래를 연주하기 시작했습니다. 마침내 양군 진영은 「홈 스위트 홈」을 합창하게 되었습니다. 바로 그 시간 이 「홈 스위트 홈」은 병사들의 마음을 자신의 고향으로 인도하고 만 것입니다. 그날 양군은 24시간 휴전을 약속하고, 병사들은 자신의 가족들에게 편지 쓰는 날이 되었다고 합니다.

이 노래 「홈 스위트 홈(Home Sweet Home)」의 작사자 존 하워드 페인을 우리는 기억합니다. 그런데 이 가사를 쓴 작사자는 세상에서 한번도 가정을 가져 본 일이 없습니다. 그가 이 노래말을 지은 곳은 불란서 파리였는데, 글자 그대로 엽전 한 푼 없는 처량한 신세에 놓여있을 때였습니다. 그는 한평생 집도 가지지 않고, 아내도 가져본 일이 없이 이 지구 위를 헤매고 다녔습니다. 1851년 3월 3일, 그의 친구 C. E. 크러크에게 보내는 편지에서 그는 이런 말을 했습니다. "진정 이상한 이야기지만 세계의 모든 사람들에게 가정의 기쁨을 자랑스럽게 노래한 나 자신은 바른 말이지 아직껏 내 집이라는 것에 대한 맛을 모르고 지냈으며, 앞으로도 맛보지 못하고 말 것이요…."

그는 이 편지를 쓴 후 1년 뒤 튀니스에서 사는 집도 없이 거의 길가에 쓰러지듯 하여 이 세상을 떠났습니다. 그 후 얼마가

지난 뒤 그의 시체는 고향인 미국 워싱턴의 오크 언덕 공동묘지에 이장되었습니다. 결국 그는 무덤이라고 하는 집에 안주하게 된 셈입니다.

가정은 하나님이 세우셨습니다. 이 세상에서 가장 아름답고 위대한 곳이 가정입니다. 그러나 그 가정도 하나님이 함께 하셔야만 아름다울 수 있고 위대할 수 있습니다.

조지 워싱턴이 젊은 시절 수습사관으로 배를 타고 먼 항해의 길에 오르게 되었습니다. 모든 짐을 갑판 위에 싣고 배가 떠나기 전 배웅 나온 어머니에게 작별인사를 하러 갔습니다. 어머니의 눈에는 걱정과 슬픔으로 눈물이 가득 고였습니다. 이 모습을 본 워싱턴은 하인에게 "어머니의 마음을 아프게 하면서까지 멀리 떠나고 싶지는 않네"라며 짐을 배에서 내리도록 했습니다. 그러나 어머니는 난처하면서도 자랑스런 얼굴로 "조지, 하나님께서는 부모를 공경하는 자녀를 축복하신다고 약속하셨단다. 네가 이 시대에 하나님의 사람으로 더 훌륭한 일들을 하기 위해 다시 승선하도록 하거라. 나는 네가 어디를 가든지 하나님께서 너를 축복하시고 지켜주실 것을 믿는다." 워싱턴은 어머니에 대한 작은 부담은 있었지만 기도하는 마음으로 떠날 수 있었습니다.

위대한 신앙의 인물들은 하나님을 사랑하고 경외하기에 자신의 부모에 대한 효성도 지극합니다. 또한 하나님께 헌신적인 부모들은 자녀들에게 주님을 우선 순위로 모시게 합니다.

아름다운 가정은 부모에게 효도하는 가정인 동시에 자녀를 사랑하는 가정입니다. 그러나 이 모든 것이 하나님을 경외하는 믿음 위에서 이루어져야 합니다. 왜냐하면 가정을 세우신 분은 하나님이시며, 가정을 축복하는 분도 하나님이시기 때문입니다.

성경은 말씀합니다. "여호와께서 집을 세우지 아니하시면 세우는 자의 수고가 헛되며 여호와께서 성을 지키지 아니하시면 파수꾼의 경성함이 허사로다"(시편 127:1). 아멘.

주 안에서의 가정

¹⁸아내들아 남편에게 복종하라 이는 주 안에서 마땅하니라

¹⁹남편들아 아내를 사랑하며 괴롭게 하지 말라

²⁰자녀들아 모든 일에 부모에게 순종하라 이는

주 안에서 기쁘게 하는 것이니라

²¹아비들아 너희 자녀를 격노케 말지니 낙심할까 함이라

(골로새서 3:18-21)

주 안에서의 가정

골로새서 3:18-21

> 주 안에서의 가정은 남편과 아내, 자녀와 부모 모두가
> 주 안에 있어야 합니다. 주 안에 있는 남편은 아내를 사랑하고,
> 주 안에 있는 아내 역시 다른 아내들보다 남편에게 더 복종하고,
> 주 안에 있는 부모는 자녀 양육에 더 많은 관심을 가지고,
> 주 안에 있는 자녀는 더욱 부모에게 순종해야 한다는 것입니다.

하나님께서 이 세상 만물을 창조하시고, 또 친히 조직과 제도를 만드셨는데 그 중에 교회와 가정이 있습니다. 그러므로 이 세상에서 가장 귀하고 소중하고 거룩한 곳은 가정입니다. 사탄이 이것을 잘 알기에 때문에 가정에 침입하여 어떻게 해서라도 가정의 파괴와 멸망을 획책하고 있습니다.

인류의 조상 아담과 하와의 가정에 이 사탄이 침입하여 가장 약한 하와를 넘어뜨려서 그 가정을 파괴했습니다. 그 후 그 가정에서는 자녀들 가운데 살인 사건이 일어나는 비극이 발생했습니다. 바로 가인이 그의 동생 아벨을 죽인 인류 최초의 살인 사건입니다. 그러므로 행복하고 이상적인 가정은 바로 주 안에서의 가정입니다.

윈스턴 처칠이 세기의 위인으로 불리며 인기가 절정에 달했을 때입니다. 런던의 한 신문은 처칠이 유치원에서부터 대학에 이르기까지 그를 가르친 교사들을 탐색하여 「위인을 만든 스승들」이라는 제목으로 기사화한 일이 있었습니다. 이 신문을 읽은 처칠은 메모 한 장을 신문사에 보냈다고 합니다. "귀 신문사에서 조사한 조사에서 나에게 가장 중요한 스승 한 분이 빠졌습니다. 그분은 나의 어머니이십니다."

또 다른 뉴욕주의 버팔로라는 곳의 한 불행한 가정의 이야기가 있습니다. 이 가정에는 무관심한 부모 밑에서 자라난 십대 소년이 있었습니다. 그는 집에서 돈을 훔쳐 나가서 창녀들과 놀다가 성병을 얻어서 몸과 마음이 병든 채 소년교도소에서 몇 해 동안 묵었습니다. 그 후 결혼은 했으나 첫 아이를 낳다가 아내는 죽고, 그 아이는 정신질환자가 되었습니다. 어느 날 이 청년은 자살을 하고 맙니다. 그런데 그 죽은 사람의 아들이 청년으로 성장한 어느 날, 미국 제25대 대통령인 맥킨리 대통령이 그 마을을 방문하게 되었습니다. 대통령이 환영 인파와 악수를 나눌 때에 그는 권총으로 대통령을 쏘았습니다. 이 사건은 아무런 감정도, 누구의 사주도 받지 않은 범행이었습니다. 당시 심리학자들은 엉뚱한 파괴 행위의 뿌리를 전적으로 그의 가정 환경에 두었습니다.

가정이 얼마나 중요한 지는 더 이상 말하지 않아도 우리가 잘 알고 있습니다. 우리의 가정과 사회는 밀접한 관계를 가지고 있습니다. 가정 교육이 잘되면 사회 적응도 잘합니다. 가정이 건강하고 튼튼하면 사회도 건강하고 튼튼해집니다. 그러므로 기독교인의 가정이 중요합니다. 기독교인의 가정은 이 사회의 소망이요 빛입니다. 주 안에서의 가정은 생명입니다. 여기에 가정 사역이 존재하는 이유가 있습니다. 주 안에서의 가정은 남편과 아내, 자녀와 부모 모두가 주 안에 있어야 합니다. 주 안에 있는 남편은 아내를 사랑하고, 주 안에 있는 아내 역시 다른 아내들보다 남편에게 더 복종하고, 주 안에 있는 부모는 자녀 양육에 더 많은 관심을 가지고, 주 안에 있는 자녀는 더욱 부모에게 순종해야 한다는 것입니다.

1. 남편과 아내와의 관계

1) 아내는 남편에게 복종해야 합니다.

"아내들아 남편에게 복종하라 이는 주 안에서 마땅하니라"
(골로새서 3:18).

 남자와 여자는 동등하게 창조되었는데 왜 여자는 남자에게 복종해야 합니까? 하나님은 남자와 여자를 다 완전하게 만드셨는데 왜 아내는 남편에게 순종하라고 하십니까? 이것은 창조의 질서입니다. 남자를 머리로, 여자를 몸으로 만드셨기 때문입니다. 이 질서가 깨어질 때 혼란이 오고 참 행복은 사라집니다. 하나님은 인류를 창조하실 때 남자와 여자의 차별이 아니라 구별을 하여 창조하셨습니다. 이것이 창조의 질서입니다. 남자는 남자다워야 하고 여자는 여자다워야 합니다. 그런데 이것이 구분되지 않을 때 혼란이 오고 행복은 깨어지게 됩니다. 남자가 아무리 고음을 내어도 여자와 같은 목소리를 낼 수 없고, 여자가 아무리 저음을 내어도 남자의 목소리를 낼 수 없습니다. 여자는 남자에게 아내는 남편에게 복종하며, 억지가 아니라 사랑으로 순종할 때 여기에 참 행복이 있습니다.

버나드(Jessie Bernard) 교수는 그의 명저 「내일의 결혼상」에서 부부의 행복을 위한 몇 가지를 권고했습니다.

첫째, 피차 자기의 특색(재질, 취미)을 계속 발전시켜 나가며 그것을 서로 인정할 것.

둘째, '나를 받들어 달라'는 태도보다 피차의 발전을 격려할 것.

셋째, 상대를 평가하는 자세보다 피차가 노력하는 분위기를 만들 것.

넷째, 괴로움, 기쁨, 고독, 부끄러움, 즐거움을 과감하고 솔직하게 표현할 것.

다섯째, 피차의 견해, 사상, 신앙의 차이점을 존중할 것.

여섯째, 자기를 되도록 많이(가능하면 밑바닥까지) 상대로 하여금 알게 할 것.

일곱째, 화가 날 때, 의심스러울 때, 대립이 될 때에 입을 다물지 말 것.

이상과 같은 부부생활의 7대 요소는 한마디로, "피차의 차이점을 인정하고 개발함으로써 서로 성장하는 하모니의 형성"이라고 할 수 있습니다.

2) 남편은 아내를 괴롭혀서는 안됩니다.

"남편들아 아내를 사랑하며 괴롭게 하지 말라"

(골로새서 3:19).

남편이 아내를 사랑하는 사랑은 자기 희생의 사랑입니다. '남편들아, 아내를 사랑하라'고 말했을 때에 사용한 사랑은 '아가페'를 의미합니다. 그리고 "남편들아 아내 사랑하기를 그리스도께서 교회를 사랑하시고 위하여 자신을 주심 같이 하라"(에베소서 5:25)고 말했을 때, 그는 분명히 희생을 각오한 사랑을 의미합니다. 남편의 아내나 자녀에 대한 권위는 인간의 육적인 권위가 아닙니다. 한 사람이 다른 사람에게 군림하는 것이 아닙니다. 그것은 자기 희생에 뿌리를 두고 있는 거룩하고 신령한 권위입니다. 남편은 가족을 부양할 책임이 있습니다. 남자는 강인하고 튼튼한 어깨를 하나님께로부터 받았습니다. 남자는 어떠한 압력에도 견딜 수 있는 정신적인 위대한 힘도 가지고 있습니다. 그러나 여자의 마음은 쉽게 낙심하고 굴복합니다. 하나님은 남자와 여자를 이렇게 만드셨습니다. 성경이 교훈하는 대로 남편과 아내의 관계는 그리스도와 교회와의 관계처럼 사랑의 원리에 의해서 영위될 때 그 가정은 분명히 행복한 가정이 될 것을 믿습니다. 주 안에 있는 가정은 사랑스럽습니다. 그리고 행복이 넘칩니다.

30년 전에 하바드 대학의 사회학자 피티림 소로킨 박사의 예언이 현재 그대로 적중해갑니다. 그는 "이제 인류는 점점 더 이혼과 별거생활로 사회질서를 혼란에 빠뜨리고 불행을 자초하게 될 것이다."라고 했는데 사실 그대로 되어가고 있습니다. 미국의 경우 1912년에는 12쌍 가운데 한 쌍이 이혼을 했습니다. 1932년에는 6쌍 가운데 1쌍이 이혼을 했습니다. 오늘날은 3쌍 가운데 2쌍이 이혼을 하고, 불과 1쌍만이 정상적인 가정생활을 한다는 통계가 나왔습니다. 왜 그렇습니까? 가정에 뿌리가 없기 때문입니다. 가정이 신앙의 기반을 잃었기 때문에 흔들립니다. 남편은 아내를 사랑하고 아내는 남편에게 복종하는 이 기초가 되어 있지 않기 때문입니다.

어느 목사에게 결혼식 주례를 받았던 부인이 찾아왔습니다. 결혼 7년 만에 이혼을 해야겠다고 찾아 온 그 부인의 하소연을 다 듣고 난 목사는 이렇게 말했습니다. "지금 한 말이 다 사실이라면 정말로 못살겠구먼! 그럼 이혼하세요. 그런데 한 가지 묻겠는데 연애 결혼을 했지요?" "예, 부모님이 반대했는데도 했습니다." "결혼하기 전에도 그렇게 못난 남자였나요?" "아니에요. 제가 반할 정도로 멋있는 남자였어요." "그러면 7년이 지난 지금의 남편은 못난 남자가 되었는데 부인에게는 그 책임이 없습니까?" "50%는 제 책임이겠지요." 이 대답을

들은 목사는 빙그레 웃으며 말했습니다. "그럼 50%만 책임지십시오. 나머지는 기도하면서 채우세요." 그 후 그들 부부는 아름다운 가정을 이루었습니다.

성도 여러분, 주 안에서 아내는 남편에게 복종하고, 남편은 아내를 사랑해야 합니다. 이것이 행복한 가정을 이루는 기초입니다.

2. 부모와 자녀와의 관계

1) 자녀들은 부모에게 순종해야 합니다.

"자녀들아 모든 일에 부모에게 순종하라 이는 주 안에서 기쁘게 하는 것이니라"(골로새서 3:20). 자녀는 선택적인 것이 아니라 절대적인 순종을 하라는 말씀입니다. 순종하되 주 안에서 순종해야 합니다. 만약 부모가 자녀에게 도둑질을 시킬 경우에는 어떻게 해야 합니까? 가장 바람직한 그리스도인된 자녀의 자세는 "아버지, 저는 그 일은 할 수가 없습니다. 왜냐하면 도둑질하는 것은 하나님께서 금하신 일이기 때문입니다. 또한 제 양심에도 그 일은 허용되지 않습니다. 그러나 부모님의 말씀에 순종하고자 하는 제 마음만은 변함이 없습니다." 이렇게 대답을 한다면 부모와 자녀와의 관계는 아름답게 유지될 것입니다. 만약 부모가 교회에 가지 말라고 한다면 이때는 어떻게 해야겠습니까? "어머니, 그렇게 할 수 없습니다. 하나님을 섬기는 것은 우리의 가장 중요한 일이기 때문입니다. 제가 교회에 나가서 신앙생활을 하는 것과 부모님에게 순종하는 것은 다르지 않습니다. 이해를 해주십시오." 하고 신앙생활을 계속 유지해야 합니다. 우상 숭배를 하는 제사에서 절을 하라고 할 때에는 "하나님께서 금하셔서 할 수 없습니다. 그러나 저는 부모님께 순종하는 마음만은 변함이 없습니다." 등의 대답을 할 수 있습니다.

자녀들이 부모의 명령이 하나님의 뜻에 어긋나는 것이라면 여기에는 순종할 수 없으나 그렇지 않다면 주 안에서 순종하라는 말씀을 가르쳐 줍니다. 우리 자녀들은 주 안에서 부모에게 순종할 때 행복한 가정을 이루어 갈 수 있습니다.

2) 부모는 자녀에게 어떻게 해야 합니까?

① 격노케 하지 말아야 합니다.

"아비들아 너희 자녀를 격노케 말지니 낙심할까 함이라" (골로새서 3:21).

먼저 자녀는 부모에게 순종할 것을 사도 바울은 강조합니다. 그리고 뒤이어 아비들, 곧 부모들이 자녀에게 대해야 할 태도가 나오는데 그것은 '자녀를 격노케 하지 말라' 는 것입니다. 성경이 말씀하는 '노엽게 한다' 는 말은 '자극시킨다', '격분시킨다' 라는 뜻입니다. 이것은 비록 자기의 자녀라 할지라도, 부모가 함부로 말하거나 행동함으로 인해 자녀가 격분하게 해서는 안 된다는 말입니다. 그것은 부모의 권위를 남용하지 말라는 뜻입니다. 부모는 마땅히 자녀에게 권위를 가져야 합니다. 그러나 그 권위가 남용될 때 자녀를 격분하게 할 수 있습니다. '자녀를 노엽게 하지 말라' 는 것은 자녀에게 야단을 치지 말라는 말이 아닙니다. 요즈음은 너무 버릇없이 키워서 오히려 문제가 됩니다. 이 말은 부모의 권위를 내세워서 임의로 자녀를 괴롭게 하지 말라는 것입니다. 부모에게 권위와 명령권을 주었다고 해서, 자녀를 억압시키거나 혈기를 부리면서 구타하는 것은 바로 자녀를 격노케 하는 것이라는 말입니다. 자녀에게 주어진 책임이 부모에게 순종하고 공경하는 것이라면, 부모에게 주어진 책임 역시 그렇게 쉽지 않습니다. 우리가 화가 난다고 함부로 자녀에게 언행을 하는 것은 자녀를 격노케 하고 낙심하도록 만드는 것이기 때문입니다. 징계를 하더라도 화를 한 번 가라앉힌 후에 해야 마땅합니다. 오늘 본문에서 '아비들아 너희 자녀를 격노케 말지니 낙심할까 함이라'고 했습니다. 자녀들에게 낙심하도록 만들어 주는 것은 무서운 죄입니다. 낙심한다는 것은 기를 죽인다는 말입니다. 자녀들에게 화가 나는 대로 함부로 말하고 행동한 것으로 인해서 자녀들의 자아상이 잘못되는 경우들이 많기 때문입니다.

자녀를 격노케 하는 것이 또 있습니다. 부모들의 이중적인 삶입니다. 자녀들에게 이렇게 하라고 가르치면서 본인들은 바로 살지 못할 때 격노하게 됩니다. 그래서 목사, 장로, 권사 등 신앙이 좋다는 부모의 자녀들이 별로 좋지 않은 경우들이 나타납니다. 교회에서의 생활과 가정에서의 생활이 다르기 때문입니다.

또한 그 무엇보다도 자녀들을 격노케 하는 것은 역시 무관심입니다. 교육학자인 도브슨 박사의 재미있는 연구 결과가 있습니다. 울타리는 아이들에게 정신적인 구속감을 줄 것이라 생각한 나머지 어느 학교 운동장에서는 울타리를 제거했다고 합니다. 그런데 울타리를 철거한 후 이상한 현상이 벌어졌습니다. 울타리가 있을 때에는 아이들이 운동장 여기 저기에 흩어져 놀았는데, 울타리를 철거한 후에는 운동장 가운데 부분에만 모여서 놀더라는 것입니다. 이 실험에서 울타리는 아이들에게 구속감이 아니라 안정감을 준다는 것을 증명했습니다. 울타리가 없으니까 아이들은 오히려 활동범위를 좁혀서 자기들끼리 의지하고 놀았던 것입니다. 아이들에게는 울타리가 필요합니다. 부모는 자녀들의 울타리입니다. 무관심은 자녀들을 격노케 하고 낙심하게 만듭니다.

역사가인 딩클 교수는 이런 지적을 합니다. 프랑스에 69명의 왕이 있었는데 신하들의 사랑과 존경을 받은 왕은 3명뿐이었습니다. 그런데 그 3명의 왕은 친어머니에 의해 양육되었고, 나머지 66명은 유모나 계모, 또는 가정교사에 의해 양육된 왕들이었다고 합니다. 이 통계는 부모의 참 사랑을 받으며 성장한 왕이 훌륭한 제왕이 되었다는 결론을 주었습니다. "스스로 속이지 말라 하나님은 만홀히 여김을 받지 아니하시나니 사람이 무엇으로 심든지 그대로 거두리라"(갈라디아서 6:7)고 성경은 말씀합니다. 이것은 부모가 좋은 것을 심으면 자녀에게서 좋은 것을 거두고, 부모가 나쁜 것을 심으면 자녀에게서 나쁜 것을 거둔다는 논리입니다.

② 주의 교양과 훈계로 양육해야 합니다.

'주의 교양과 훈계로 양육하는 일'(에베소서 6:4)은 부모의 책임임을 말씀합니다. 자녀들의 인행은 주로 성장할 때 부모에게서 배웁니다. 부모의 욕심과 고집과 권위로써가 아니라 주님의 교양과 훈계로 양육해야 합니다. 오늘날은 부모의 욕심으로 자녀를 양육하는 것이 만연되어 있습니다. 부모는 주님의 교양과 훈계로 양육해야 함을 늘 기억해야 합니다. 주의 교양이라는 것은 성경 말씀이 교과서가 되어서 가르치라는 말입니다. 성경을 교과서로 삼으면 하나님을 배우고 성령님을 배우고 예수님을 배우게 됩니다. 마땅히 행할 길을 자녀에게 가르치게 됩니다. 자기 중심적으로 가르쳐서는 안됩니다. 부모는 자녀의 소유주가 아닙니다. 자녀의 주인은 하나님이십니다. 부모는 그 자녀를 하나님의 뜻대로 양육할 의무를 가진 자입니다. 또한 세상 중심적으로 가르쳐서도 안되며, 세상이 다 그렇게 하기 때문에 세상이 흘러가는 대로 세상 사람들이 하는 것처럼 해서도 안됩니다.

어느 날 샤프(Shaepe)에게 젊은 부인이 찾아 와서 이렇게 말합니다. "지금은 어려서 학교 공부를 하기에 바쁘기 때문에 기독교 교육은 철이 들 때까지 미루어 두는 것이 어떻겠습니까?" 그때 샤프는 아주 엄숙하게 대답했습니다. "자매여, 당신이 아이에게 지금 가르치지 않으면 마귀가 자기 방법대로 가르칠 것입니다."

부모는 자녀를 주님의 교양으로 계속 양육해야 합니다. 부모의 일은 무엇보다도 말씀으로 양육하는 일입니다. 성도는 자녀를 하나의 인간으로만 양육하는 것이 아닙니다. 더 중요한 사명은 내게 주어진 자녀를 하나님의 자녀로 양육하는 일입니다. 부모는 훌륭한 기독교인으로 양육해야 될 너무나 중대한 사명을 하나님 앞에서 부여받았습니다. 그리고 주의 훈계로 양육해야 합니다. 부모가 된다는 것은 참으로 하나님이 주신 귀중한 복 가운데 하나입니다. 그러나 부모다운 부모가 되는 것은 더 귀중한 일입니다.

사업에만 열심인 김 사장이란 분이 있었습니다. 어느 날 아이들에게서 온 엽서를 받아 읽는 순간 큰 충격을 받았습니다. 거기에는 "아빠, 우리 집에 놀러오세요."라는 글이었습니다. 이 분은 사업을 시작한 지 7년 동안 거의 가족과 함께 보낼 시간이 없었습니다. 평일은 물론 휴일과 주일을 가리지 않고 정신 없이 일했습니다. 가족을 위한다면서 그렇게 열심히 일을 해왔지만 이런 일이 발생한 것에 대해 김 사장은 다시 한번 인생에 대해서 진지하게 생각하기 시작했습니다. "무엇을 위해서 사업을 하는가? 사업을 통해서 행복한 가정을 만들지 못한다면 사업이 무슨 의미가 있겠는가?" 김 사장은 그때부터 달라지기 시작했습니다. 그는 일찍 귀가해서 아이들에게 다가가기 시작했습니다. "오늘 어떻게 지냈니? 우리 같이 컴퓨터 게임 할까? 자 이제부터는 책을 읽자. 우리 차례대로 읽어볼까?" 김 사장이 이런 방법으로 자녀들과 많은 시간을 보내자 자녀들은 서서히 김 사장 곁으로 다가오기 시작했습니다. 이 일을 통해서 김 사장은 많은 것을 느낄 수 있었습니다. 가정이 안정되자 오히려 사업을 더 잘할 수 있었습니다.

러버메이드사의 볼프강 슈미트는 "우리 가족은 저녁마다 산책을 나가지 않으면 이상합니다. 우리는 40분이든 1시간이든 마음 내키는 대로 그냥 돌아다닙니다. 날씨와 상관없이 이렇게 합니다." 가정은 작은 천국입니다. 회사의 일이나 교회의 일도 다 소중하지만 이 모든 것이 더 잘되려면 가정을 더 소중히 여겨야 합니다.

1999년 미국의 조용한 도시 컬럼바인의 한 고등학교에서 총기사고가 발생했습니다. 범인 중 1명이 총을 들이대고 "하나님을 정말 믿느냐?"고 묻는데도 여전히 "그렇다."고 대답한 직후 버널 양은 총격에 의해 죽임을 당했습니다. 그녀의 추모식에 미 행정부는 부통령 앨 고어를 파견했습니다. 그리고 그는 이런 추모사를 낭독했습니다. "우리는 많은 가치를 잃어버리고 있습니다. 잃어버리지 말아야 할 최종 가치 중의 하나는 가족가치(family value)입니다."

성경은 말씀합니다. "누구든지 자기 친족 특히 자기 가족을 돌아보지 아니하면 믿음을 배반한 자요 불신자보다 더 악한 자니라"(디모데전서 5:8).

축복을 만드는 가정

¹에브라임 산지 라마다임소빔에 에브라임 사람 엘가나라 하는 자가 있으니 그는 여로함의 아들이요 엘리후의 손자요 도후의 증손이요 숩의 현손이더라 ²그에게 두 아내가 있으니 하나의 이름은 한나요 하나의 이름은 브닌나라 브닌나는 자식이 있고 한나는 무자하더라 ³이 사람이 매년에 자기 성읍에서 나와서 실로에 올라가서 만군의 여호와께 경배하며 제사를 드렸는데 엘리의 두 아들 홉니와 비느하스가 여호와의 제사장으로 거기 있었더라 ⁴엘가나가 제사를 드리는 날에는 제물의 분깃을 그 아내 브닌나와 그 모든 자녀에게 주고 ⁵한나에게는 갑절을 주니 이는 그를 사랑함이라 그러나 여호와께서 그로 성태치 못하게 하시니 ⁶여호와께서 그로 성태치 못하게 하시므로 그 대적 브닌나가 그를 심히 격동하여 번민케 하더라 ⁷매년에 한나가 여호와의 집에 올라갈 때마다 남편이 그같이 하매 브닌나가 그를 격동시키므로 그가 울고 먹지 아니하니 ⁸그 남편 엘가나가 그에게 이르되 한나여 어찌하여 울며 어찌하여 먹지 아니하며 어찌하여 그대의 마음이 슬프뇨 내가 그대에게 열 아들보다 낫지 아니하뇨 ⁹그들이 실로에서 먹고 마신 후에 한나가 일어나니 때에 제사장 엘리는 여호와 전 문설주 곁 그 의자에 앉았더라 ¹⁰한나가 마음이 괴로와서 여호와께 기도하고 통곡하며 ¹¹서원하여 가로되 만군의 여호와여 만일 주의 여종의 고통을 돌아보시고 나를 생각하시고 주의 여종을 잊지 아니하사 아들을 주시면 내가 그의 평생에 그를 여호와께 드리고 삭도를 그 머리에 대지 아니하겠나이다

(사무엘상 1:1-11)

축복을 만드는 가정

사무엘상 1:1-11

우리도 온 가족이 하나님 앞에 나와서 예배를 드려야 합니다.
시간을 정해 놓고 가족이 한 자리에 모여서
기도하고 찬송하며 예배드리는 삶을 살아야 합니다.
이것이 축복을 만드는 가정의 모습입니다.

이스라엘 왕국의 건국사인 사무엘서는 한 믿음의 가정에서부터 시작합니다. 이 가정도 여느 가정들처럼 어려움과 갈등이 있었습니다. 그러나 하나님 앞에 나와 기도함으로 문제를 축복으로 만드는 가정이 되었습니다. 이 가정에서 이스라엘의 위대한 인물 사무엘이 태어나 자라게 됩니다. 사사이자 선지자요 제사장인 사무엘의 배후에는 위대한 신앙의 어머니 한나가 있었습니다. 그의 어머니 한나를 통해 축복을 만드는 가정을 이루게 됩니다. 사무엘을 얻게 하기 위해 하나님은 한나라는 믿음의 여인을 준비시키셨습니다. 이런 말이 있습니다. "아기의 요람을 흔드는 어머니의 손은 천하를 움직일 수 있다." 한나가 하나님께 기도하여 얻은 아들 사무엘을 서원대로 하나님께 바쳤을 때, 하나님은 사무엘을 통해서 부패한 이스라엘을 개혁하고 백성들이 우상을 버리고 하나님께로 돌아오게 하는 위대한 역사를 이루셨습니다. 한 여인의 진실하고 뜨거운 기도는 사무엘과 같은 위대한 인물을 배출해 냈습니다. 뿐만 아니라 자식을 하나님께 바치고 배후에서 드리는 계속적인 그 어머니의 기도가 있었기에, 사무엘로 하여금 그토록 훌륭한 지도자가 되어 국가와 민족을 난국에서 구출하는 놀라운 역사를 창조해 낼 수 있었습니다. 한나의 가정은 축복을 만드는 가정이었습니다.

성도 여러분, 우리의 가정도 축복을 만드는 가정이 되어야 합니다.

1. 축복을 만드는 가정은 예배를 중요시합니다.

사무엘의 가정은 신앙적인 가정이었습니다. "이 사람이 매년에 자기 성읍에서 나와서 실로에 올라가서 만군의 여호와께 경배하며 제사를 드렸는데 엘리의 두 아들 홉니와 비느하스가 여호와의 제사장으로 거기 있었더라"(사무엘상 1:3).

사무엘의 가족은 매년 실로에 올라가서 예배를 드렸습니다. 율법에는 히브리의 모든 남자는 매년 정한 기간에 중앙성소로 올라가서 제사를 드려야 한다고 정해놓았습니다(출애굽기 34:23; 신 12:5). 그리고 출애굽기 23:17에서는 매년 세 번씩 올라가야 한다고 했습니다.

실로는 당시에 법궤(언약궤)가 보관된 곳, 곧 성소가 있는 곳입니다. 언약궤는 처음에는 광야를 거쳐서 길갈에 보관되었으나(여호수아 4:19), 가나안 정복 후 땅을 분배할 동안에 실로(Shiloh)로 옮겨져 보관되었습니다. 그래서 예루살렘에서 북쪽 약 32km(80리) 지점에 위치한 실로는 여호수아 시대 말기로부터 사사시대 및 사무엘 시대 초기까지 이스라엘의 종교적 중심지와 정치적 주무대로, 군사적 요해지로 사용되었습니다.

사무엘의 아버지 엘가나(אלקנה)는 그 이름이 אל(하나님) + קנה(소유하다, 얻다, 사다)에서 온 '하나님이 소유하셨다'는 종교적인 이름의 소유자입니다. 그 이름부터 신앙적인 사람임을 알 수 있습니다. 그는 실로에 올라가서 만군의 여호와께 경배하며 제사를 드렸습니다. 여기에서 제사는 '제물', '감사의 헌물', 그리고 '기도가 포함된 광의적 의미의 제사'를 말합니다. 그런데 엘가나가 드린 제사는 화목제로 볼 수 있습니다. 그것은 사무엘상 1:4에서 그 제물을 가족들에게 나누어주었고, 사무엘상 1:9에서는 가족들이 함께 먹었다는데서 알 수 있습니다. 화목제는 제사를 드린 후에, 그 제물 중에서 제사장의 몫은 제사장에게 드리고, 그 나머지 일부분으로 자신과 가족, 또는 공동체 전체가 성막의 뜰이나 별채에서 함께 나누어 먹었습니다. 그 당시는 종교적으로 극히 타락했던 사사시대였습니다. 자기의 보기에 좋은 대로 행했던 시절에 엘가나의 가족이 매년 실로에 올라가서 경배를 드리는 것은 대단한 신앙이라고 보아야 할 것입니다. 그들은 말씀과 정해진 절차에 따라 규정된 제사를 합당한 장소에서 규칙적으로 드렸습니다. 엘가나의 가정은 전 가속이 함께 예배드리는 가정이었습니다. 남편과 아내, 그리고 자녀들이 다 함께 하나님의 전에 올라가서 예배를 드리는 것은 축복이 아닐 수 없습니다. 성도 여러분, 우리 하나님은 예배드리는 자를 기뻐하시며, 예배드리는 자를 찾으시고, 예배드리는 자에게 축복하십니다.

고광민 박사는 미국에서도 유명한 인사이며, 그의 삶은 많은 사람을 감동시켰습니다. 고 박사의 가정이 미국 전체에서 가장 모범적인 가정으로 선정되었습니다. 그는 박사학위를 무려 5개를 가지고 있는 분입니다. 자녀 여섯 명을 두었는데 모두 훌륭하게 성장했습니다. 모두 명문대 출신으로 좋은 직장에 취직을 했으며, 미국 사회 전체에서도 존경을 받는 자녀들이 되었습니다. 3남은 인권 담당 차관도 될 수 있는 귀한 자리까지 올라갔습니다. 그 가정은 미국 사회 전체에서도 부러워하는 가정입니다. 그래서 기자들이 그 비결을 알기 위해 그 가정을 방문했습니다. 아무리 보아도 비결은 없습니다. 그런데 거기에 숨겨진 비밀이 있었습니다. 고광민 박사는 매일 새벽 3시 50분까지는 출근하지 않으면 안 되는 아주 바쁜 생활을 하고 있었습니다. 그는 3시만 되면 자녀들을 다 깨웠습니다. 잠자리에서 일어난 자녀들은 아버지의 인도를 따라 함께 하나님께 예배를 드리며 찬송을 불렀습니다. 이 일이 오랫동안 계속되었습니다. 한 가정의 제사장 된 한 사람이 믿음으로 자녀를 양육하고 축복했습니다. 그리고 그들을 하나님 앞에 바로 세워주었습니다. 고 박사는 하나님 앞에서 한 마음으로 연합하여 동거하는 귀한 삶을 주님 앞에서 지금까지 이루어갔던 것입니다. 그러니 자녀들이 잘될 수밖에 없었습니다. 이 가정이 축복을 받는 비결은 온 가족이 하나님 앞에 예배드리는 것이었습니다.

성도 여러분, 우리도 온 가족이 하나님 앞에 나와서 예배를 드려야 합니다. 시간을 정해 놓고 가족이 한 자리에 모여서 기도하고 찬송하며 예배드리는 삶을 살아야 합니다. 이것이 축복을 만드는 가정의 모습입니다. 요즈음의 성도들은 교통편도 좋고 가까운 거리에 있으면서도 예배드리는 일을 아주 소홀히 합니다. 이런 저런 핑계로 예배드리는 시간을 빠뜨립니다. 피곤하다거나 날씨가 좋지 않다는 이유로, 또는 다른 재미있는 일이 있어도 빠뜨립니다. 사무엘의 아버지 엘가나는 온 가족을 이끌고 해마다 실로까지 올라가 예배드리기를 계속한 믿음의 사람입니다.

성도 여러분, 우리 하나님은 예배드리는 자를 기뻐하시며 예배드리는 자를 찾으시고 예배드리는 자를 축복하신다는 사실을 알아야 합니다. 하나님의 전을 찾고 예배드리기를 힘쓰는 이 엘가나의 가정을 하나님은 축복하셨습니다. 하나님의 성전을 찾아 예배드리기를 힘쓴 이 가정에 이스라엘을 위기에서 구하는 위대한 종 사무엘을 축복으로 주셨습니다.

어느 목사님이 오래 전 군목으로 계시던 시절 미국을 방문한 적이 있었습니다. 그분은 모든 미국인들이 명예롭게 생각하는 육군사관학교, 웨스트포인트(West point)로 초대되어 갔습니다. 웨스트포인트에서 가장 중요하게 여기는 것은 바로 명예였습니다. 명예롭게 입학해서 명예롭게 공부하다가 명예로운 졸업을 하고, 장교로서 국가를 위해 명예롭게 목숨을 바쳐 일하는 사람이 되는 것입니다. 그런데 인상적인 것은 이 웨스트포인트에는 예배당이 높은 언덕 위에 우뚝 서 있었습니다. 그런데 결코 그 예배당보다 높은 건물을 지을 수 없도록 규정해 두었습니다. 그만큼 예배당을 소중히 여겼던 것입니다. 명예나 그 어떤 것보다 더 소중한 것은 그들이 온전한 예배자로서 하나님 앞에 서는 것이었습니다. 예배가 끝난 다음, 사관학교의 군목은 예배당을 안내하며 목사님을 제일 앞좌석으로 안내했습니다. "이 자리는 아이젠하워 대통령이 예배드리던 자리입니다. 여기는 맥아더 장군이 예배를 드리던 자리입니다. 이 자리는 존슨 합참의장의 자리입니다."라고 소개했습니다. 그들은 모두 미국 사회에서 성공한 사람들입니다. 목사님이 그들이 공부했던 웨스트포인트에서 확인한 것이 있습니다. 그것은 그들의 성공 이전에 그들은 모두 훌륭한 예배자들이었다는 사실입니다. 그들은 늘 제일 앞자리에서 예배드리던 사람들이었습니다. 미국의 역사, 아니 세계의 역사를 움직였던 사람들은 하나님 앞에 예배드리기를 기뻐하며 사모함으로 전심전력했던 일꾼들이었습니다.

성도 여러분, 여러분의 가정이 축복 받기를 원하십니까? 여러분의 자녀들이 이 세상에서 정말 훌륭한 일꾼들로 쓰임 받기를 원하십니까? 그렇다면 하나님 앞에 나와서 예배드리는 일을 최우선으로 살게 해야 합니다. 이 일을 소홀히 하면 우리의 가정과 우리의 자녀들은 손해를 보게 될 것입니다. 이 거룩한 주의 날, 우리의 자녀들은 지금 어디에 있습니까? 이 시간에 무엇을 하고 있습니까?

성도 여러분, 축복을 만드는 가정은 하나님 앞에 예배드리기를 즐거워하며 힘을 썼습니다. 우리도 하나님 앞에서 우리의 모든 가족이 예배드리는 일을 최우선으로 알고 기뻐하며 기다리며 힘을 씁시다. 그리해서 사무엘과 같은 믿음의 아들을 얻고 하나님의 약속하신 축복을 받는 가정을 이루어 가시길 기원합니다.

2. 축복을 만드는 가정은 가정의 문제를 하나님께 가지고 나옵니다.

그런데 이 가정에 문제가 발생했습니다. 하나님을 섬기는 성도의 가정에도 문제가 발생합니다. "그에게 두 아내가 있으니 하나의 이름은 한나요 하나의 이름은 브닌나라 브닌나는 자식이 있고 한나는 무자하더라"(사무엘상 1:2). 이 본문은 지상의 가정은 아무리 경건하다 할지라도 완전할 수 없음을 보여줍니다. 이 가정의 문제는 두 아내를 거느렸다는 데에 있습니다. 고대 사회에서는 일부다처제가 성행하고 있었으며, 성경에서도 묵인하는 것처럼 보입니다. 그러나 이 제도는 하나님의 창조 질서가 아닙니다. 그러므로 문제가 일어날 수밖에 없습니다. 한 집안에 남편은 하나인데 아내가 둘이니 문제가 발생하지 않을 수 없습니다. 성경의 결혼은 일부일처주의입니다. 하나님이 태초에 남자 아담과 여자 하와를 만드시고 부부로 짝지어 주셨습니다(창세기 2:24). 그러나 인간이 타락 한 후에 이 도덕적 규범이 무너지기 시작했습니다. 처음으로 첩을 둔 사람이 라멕입니다(창세기 4:19). 이 사람은 최초의 살인자 가인의 후손입니다(창세기 4:8). 첩을 둔 사람이 경건한 자손이 아닌 살인자의 후손이라는 것은 뜻하는 바가 큽니다. 그런데 믿음의 조상이라는 아브라함도 첩을 둔 것이 나타납니다. 혼란스럽다고 생각될 것입니다(창세기 6:3). 그러다가 첩을 두는 것이 보편화된 것이 사사시대입니다(사사기 19:1).

본문에 나오는 엘가나도 두 아내를 거느리고 있었습니다.

이 악습은 그 후에도 계속되어 믿음의 왕 성군 다윗도 여러 아내를 두었고(사무엘하 3:2-5), 그의 아들 솔로몬은 자신의 정략에 따라 여러 아내를 두었습니다(열왕기상 11:1-3). 그런데 성경에서는 신앙의 인물들이 여러 첩을 거느리고 있는 이 일에 대해 직접적으로 책망하지 않고 침묵하고 있습니다. 그러면 이 축첩제도를 인정한 것입니까? 결코 그렇지 않습니다. 하나님께서 인간의 완악함을 일시적으로 묵인 하셨을 뿐입니다(마태복음 19:8). 이 축첩제도의 결과 얼마나 많은 폐해가 나타났으며, 불행이 계속되었습니까? 두 여자로 인해 엘가나의 가정에는 끊임없이 문제가 발생되었습니다. "매년에 한나가 여호와의 집에 올라갈 때마다 남편이 그같이 하매 브닌나가 그를 격동시키므로 그가 울고 먹지 아니하니 그 남편 엘가나가 그에게 이르되 한나여 어찌하여 울며 어찌하여 먹지 아니하며 어찌하여 그대의 마음이 슬프뇨 내가 그대에게 열 아들보다 낫지 아니하뇨"(사무엘상 1:7-8). 여기에 등장하는 한나는 그 이름의 뜻이 '자비롭다', '불쌍히 여기다', '탄원하다'는 뜻에서 나온 것으로, '은총', '은혜'라는 의미를 가지고 있습니다. 그런데 한나에게는 자녀가 없었으므로 그녀의 대적 브닌나가 늘 격동시켰습니다. 브닌나는 '나누다', '분할하다'는 뜻에서 나온 것으로, '산호', '진주'라는 이름을 가지고 있습니다. 한나의 대적이 늘 격동케 하고 번민케 했습니다(사무엘상 1:6). 매년 그러했습니다(사무엘상 1:7). '격동하다' 는 말은 '괴롭히다', '약을 올리다', '슬프게 하다', '충동질 하다', '화나게 하다' 는 뜻입니다. '번민케 하다' 는 말 역시 '괴롭히다', '세게 흔들다', '자극하여 분노케 하다' 등의 뜻입니다. 브닌나는 한나가 자녀가 없어 하나님으로부터 버림받은 여인이라 생각하여 온갖 방법을 동원해서 괴롭혔음을 알 수 있습니다. 위로하고 격려하기보다 고통을 주고, 약을 올리며 남의 가슴을 찢어 놓아 피눈물이 나게 했습니다. 그것도 매년 연례행사로 그녀를 괴롭혔습니다. 브닌나는 교양이나 인격뿐만 아니라 신앙도 부족한 여인입니다. 이 브닌나는 하나님께 예배드리러 올라가면서 한나를 괴롭히면서 눈물나게 했습니다.

성도 여러분, 하나님을 믿는 백성들 중에서도 이런 브닌나가 있다는데 유의해야 합니다. 하나님의 집에 와서 예배드리는 사람들 중에도 있다는 말입니다. 우리는 이런 브닌나의 못된 성품과 행위를 결코 본 받아서는 안됩니다.

동시에 우리는 격동 받지 않는 신자가 되어야 합니다. 한나는 브닌나의 괴롭힘 속에서 눈물을 흘렸습니다. 원통히 여기며 번민하고, 억울해서 눈물을 흘리는 것을 보면 한나 역시 믿음이 온전치 못한 여인임을 알 수 있습니다. 참 신앙인의 자리에 들어서면 아무리 흔들고 격동해도 요동하거나 눈물을 흘리지 않습니다. 참 신앙의 사람은 아무리 사탄이 우리를 시험해도 넘어지지 않습니다. 브닌나는 육에 속한 사람의 전형적인 모델입니다. 아들딸을 두었다고 자랑하면서 다른 사람을 괴롭혔습니다. 브닌나는 육에 속한 사람입니다. 한나는 은혜에 속한 사람의 모델입니다. 영에 속한 사람은 하나님 중심의 삶을 삽니다. 더욱 더 주님을 가까이하며 더 깊은 신앙의 자리에 이르도록 애쓰고 노력합니다.

한나의 슬픔의 원인은 자녀가 없는 것입니다. 그런데 한나에게 자녀가 없는 이유를 성경은 여호와께서 성태치 못하게 하셨다고 말씀합니다(사무엘상 1:5-6). '성태치 못하게 하심으로' 란 말은 여호와께서 태를 닫으셨기 때문이라는 말입니다. 이 말은 생명의 주관자는 하나님이심을 보여줍니다. 잉태하지 못하는 것은 한나의 잘못이라거나 한나가 모자라서가 아니라 여호와께서 성태치 못하게 하신 것입니다. 그러면 왜 여호와께서 한나에게 자녀를 성태치 못하게 하셨습니까? 그것은 자녀를 주시는 분은 하나님이심을 알게 하기 위해서입니다. 우리 하나님은 사라가 90세가 되었을 때 아들 이삭을 낳게 하셨습니다(창세기 11:30). 하나님은 리브가도 쌍둥이 아들을 낳게 하셨고(창세기 25:21), 라헬도 하나님께서 잉태케 하셨습니다(창세기 29:31). 마노아의 아내도 포기하고 있을 때에 삼손을 낳게 하셨습니다. 이것은 자녀를 잉태하고 생산하는 것은 하나님의 계획과 뜻에 따라 이루어지는 것임을 알게 하기 위해서입니다. 하나님의 적극적인 개입과 능력과 의지에 따라서 결정됩니다. 한나가 아들을 낳지 못하는 것도 역시 하나님의 계획이 있었기 때문입니다.

동시에 한나가 자녀를 낳지 못하는 것은 하나님께서 그녀를 낮추시고 시험하여 복을 주시기 위해서입니다. 한나는 이름 그대로 자비롭고 은혜로운 성품을 가진 여인이었습니다. 그러나 그녀에게도 한가지 부족한 것이 있었는데 그것은 자녀가 없다는 것입니다. 그래서 한나는 브닌나를 통해 많은 괴로움을 받게 되었습니다. 만약 한나가 순조롭게 자녀를 잉태하고 그것으로 끝났다면 그녀는 부유한 집안에서 남편의 사랑을 받으며 아주 평범하게 살았을 것입니다. 그러나 하나님에게는 한나를 통해 이스라엘을 구원할 위대한 인물 사무엘을 주시려는 계획이 있었습니다. 그러므로 그의 어머니가 될 한나를 더 겸손하게 훈련시키고 낮추실 필요가 있었기 때문에 주님 앞에 간절히 기도하고 엎드리게 했습니다. 그리고 그녀의 입술에서 아들을 주시면 주님께 바치겠다는 서원의 기도가 나오게 준비시키셨습니다. 결국 모든 것이 하나님의 사랑이었습니다.

성도 여러분, 우리에게도 한가지 부족함이 있습니다. 그러나 이 한가지 부족한 것을 통해 하나님은 우리를 더 겸손하고 유익하게 하신다는 사실을 알아야 합니다. 우리는 자신의 부족함을 알 때에 엎드리게 됩니다. 자신의 부족함을 알 때에 비로소 겸손하게 주님 앞에서 자신을 낮추고, 그분의 은총을 기다리게 됩니다. 날마다 자신을 쳐서 그리스도께 복종시키며 따라가야 합니다.

한나는 브닌나의 격동을 통해서 훈련받았습니다. 아브라함의 가정도 어려움이 많았습니다. 야곱 가정의 형제들의 불화, 다윗의 자녀들끼리의 싸움 등은 모두 첩을 둠으로써 일어난 사건들이라 할 수 있습니다. 그래서 신약시대에 와서는 하나님의 뜻을 바로 알게 되어 일부일처제가 하나님의 창조 섭리임을 알고 지키게 되었습니다. 예수님은 말씀하셨습니다. "이러한즉 이제 둘이 아니요 한 몸이니 그러므로 하나님이 짝지어 주신 것을 사람이 나누지 못할지니라"(마태복음 19:6). 한 아내와 한 남편이 서로 사랑하며 만족하며 연합하여 살아가는 것이 하나님의 뜻입니다. 그런데 엘가나의 가정에는 이 원리가 지켜지지 않았기 때문에 문제가 발생했습니다.

오늘날 이 시대에도 일부일처주의가 지켜지지 않을 때 가정에 시험이 찾아오고 불화가 일어나고, 나중에는 가정파괴가 일어날 수밖에 없습니다. 그러므로 남편과 아내는 서로를 존경하고 더욱 더 사랑하여 주님이 기뻐하시는 아름다운 가정을 만들어 가야 합니다. 그러기 위해 항상 여호와를 경외하는 가정이 되도록 기도하며 힘써야 합니다.

한나는 가정의 문제를 하나님 앞에 가지고 나와서 엎드렸습니다. 오로지 하나님께 매달렸습니다. "그들이 실로에서 먹고 마신 후에 한나가 일어나니 때에 제사장 엘리는 여호와의 전 문설주 곁 그 의자에 앉았더라 한나가 마음이 괴로워서 여호와께 기도하고 통곡하며"(사무엘상 1:9-10). 이것이 가정의 위기를 해결하고 문제를 축복으로 바꿀 수 있는 길입니다. 해결책은 하나님 앞에 모든 문제를 가지고 나가는 것입니다. 이 문제는 하나님께서 해결해 주셔야 할 문제입니다. '한나는 일어나니' 란 말씀은 한나는 기도하기 위해 하나님의 전에 올라갔다는 말입니다. 한나는 문제를 가지고 하나님께 기도하러 갔습니다. 그녀의 근본적인 문제는 자녀를 생산하는 것입니다. 누가 자녀를 낳게 하십니까? 여호와 하나님이십니다. 그러므로 하나님께 나아가야 합니다. 태를 여시고 잉태케 하시는 전능자 하나님을 찾아야 합니다. 한나는 바른 길을 택했습니다. 한나는 자신의 문제를 해결해 주실 분은 하나님 밖에 없음을 알았습니다.

캐나다 핼리팩스의 어느 호텔에 화재가 발생했습니다. 긴급 출동한 소방차들은 물을 뿌렸으며, 호텔 밖에서는 투숙객들이 뛰어내릴 수 있도록 그물을 쳤습니다. 한 아버지가 자기의 어린 아들을 창문을 열고 던졌습니다. 그 아이는 그물 위에 떨어져 생명을 건졌습니다. 그 화재로 수많은 희생자가 발생했으며 구조된 사람은 극히 소수였습니다. 신문기자가 그 아이에게 물었습니다. "아버지가 너를 창밖으로 던질 때 무섭지 않더냐?" 그 아이는 이렇게 대답했습니다. "무섭긴요. 아버지가 저를 위험한 대로 던졌겠어요?"

성도 여러분, 이것이 바로 믿음입니다. 우리는 하나님 아버지를 온전히 믿되, 참으로 우리를 사랑하시는 좋으신 아버지이심을 믿어야 합니다.

성도 여러분, 여러분을 격동케 하는 문제가 있습니까? 여러분의 가정에 심각한 어려움이 있습니까? 그 문제를 가지고 여호와 하나님 앞에 나가야 합니다. 여호와 하나님 앞에 나가면 그 문제점들은 오히려 여러분의 가정에 축복을 만들어 줄 것입니다. 우리는 다른 곳을 찾거나 다른 사람의 도움을 구하기에 앞서, 그리고 내 힘으로 뛰어다니기에 앞서 먼저 전능하신 하나님을 찾아야 합니다. 나의 문제, 우리 가정의 어려움을 해결해 주실 분은 주님 외에는 없습니다. 우리에게 이 고백적인 믿음이 있어야 합니다. 찬송가 415장입니다.

> 2절, 주 없이 살 수 없네 나 혼자 못 서리 힘없고 부족하며 지혜도 없으니 내 주는 나의 생명 또 나의 힘이라 주님을 의지하여 지혜를 얻으리
> 3절, 주 없이 살 수 없네 내 주는 아신다 내 영의 깊은 간구 마음의 소원을 주 밖에 나의 맘을 뉘 알아주리요 내 맘을 위로 하사 평온케 하시네
> 4절, 주 없이 살수 없네 세월이 흐르고 이 깊은 고독 속에 내 생명 끝나도 사나운 풍랑 일 때 날 지켜 주시고 내 곁에 계신 주님 늘 힘이 되시네

성도 여러분, 한나는 가정에 어려운 문제가 발생했을 때 사람을 보지 않고 눈물로서 하나님만 바라보았습니다. 이 세상에 그 누구도, 그 어디에서도 자신의 문제를 해결해 줄 이는 없었습니다. 오직 하나님 밖에는 바라볼 이가 없고 의지할 이가 없습니다. 성도 여러분, 그렇게 통곡하며 하나님만을 바라볼 때 한나에게는 소망의 은총이 임했습니다. 위대한 아들 사무엘을 낳는 복을 받았습니다. 우리도 하나님만을 바라보는 성도가 되어야 하겠습니다.

헬라인들은 인간을 'ανθρωπος'라고 했습니다. 그 뜻은 '위를 바라보는 존재'라는 의미입니다. 돼지는 병들어 드러누웠을 때 외에는 하늘을 쳐다보지 않는다고 합니다. 병아리나 참새, 소나 말도 하늘을 바라보는 시간이 있지만 유일하게 돼지만은 땅만 바라본다고 합니다. 하늘을 바라보지 않고 땅만 바라보며 사는 사람들이 있습니다. 그것은 돼지만큼이나 어리석은 사람들입니다. 사람은 하나님을 바라보고 살아야 합니다. 돼지처럼 병들어 드러누워야만 하늘을 바라보고 소리친다면 참으로 불행한 삶이 아닐 수 없습니다.

성도 여러분, 한나가 하나님만 바라보고 하나님 앞에 모든 문제를 가지고 나와서 맡겼을 때 오히려 문제가 축복이 된 것을 깨달으시기 바랍니다. 한나처럼 전적으로 하나님만을 바라보고, 하나님께 우리의 모든 문제를 맡김으로 해결함을 받는 성도가 되시기를 바랍니다.

3. 축복을 만드는 가정은 기도로 해결하는 가정입니다.

한나는 가정의 어려움을 하나님 앞에 가지고 나가 간절히 기도함으로 자신의 가정을 축복 받는 가정으로 변화시켰습니다. "한나가 마음이 괴로워서 여호와께 기도하고 통곡하며 서원하여 가로되 만군의 여호와여 만일 주의 여종의 고통을 돌아보시고 나를 생각하시고 주의 여종을 잊지 아니하사 아들을 주시면 내가 그의 평생에 그를 여호와께 드리고 삭도를 그 머리에 대지 아니하겠나이다"(사무엘상 1:10-11).

1) 한나는 통곡의 기도를 했습니다.

'한나가 마음이 괴로워서 여호와께 기도하고 통곡하며' (사무엘상 1:10). 한나는 통곡, 즉 애통해 했습니다. 마음속 깊은 곳의 모든 인간적인 슬픔과 고통을 숨김없이 하나님 앞에 내놓았습니다. 이것이 솔직한 기도입니다. 한나는 숨김없이 울면서 기도했습니다. 자신의 고통과 번민을 눈물로 승화시켰습니다. 자신의 감정을 숨기지 않고, 모든 것을 다 아시는 하나님 앞에 솔직하게 다 내어놓았습니다.

주위를 의식하지 않고 하나님만 생각하며 집중력 있는 기도를 드렸습니다. 기도할 때에 "누가 나를 쳐다보지는 않는가? 소리를 크게 하면 누가 흉을 보지는 않을까?" 하고 염려하지 않았습니다. 사람마다 기도하는 특징과 개성이 있습니다.

중요한 것은 하나님을 생각하고 기도하는 것입니다. 다른 사람들에게 보이기 위해 기도하는 것이 아닙니다. 기도는 간절한 마음으로 하는 것입니다. 우리는 한나처럼 눈물로 기도합니까? 하나님만 바라보고 내 마음속의 모든 것을 다 내어놓고 기도해야 합니다. 내 마음이 진정으로 주님을 향해 간구하는 기도가 되어야 합니다.

300명이 승선한 여객선이 큰 파도에 파선하여 모두 죽고, 선원 단 한 명이 표류하다가 나무 한쪽을 붙잡고 무인도에 상륙했습니다. 그는 나무열매를 따먹으면서 연명해 오다가 겨울을 지나기 위해 나뭇가지를 얽어 놓고 그 위에 낙엽을 쌓아 움막을 만들었습니다. 어느 날 먹을 것을 구하러 나갔다가 돌아와 보니 수고하여 만든 움막이 불에 타서 재만 남아 있었습니다. 그 사람은 어이가 없어서 그 자리에 엎드려 "하나님, 차라리 내 목숨을 거두시는 것이 낫지 이게 웬일입니까?" 하고 기도하며 울다가 잠이 들었습니다. 그런데 누군가가 깨우는 소리에 깜짝 놀라 일어났습니다. "당신은 누구냐?"고 했더니, "바다를 지나던 상선의 선원인데, 여기에서 큰 연기가 계속 나서 웬일인가 하고 와 보았다."고 했습니다. 그렇게 하여 그 사람은 구출 받게 되었습니다.

하나님은 부르짖는 그의 백성들의 기도에 반드시 응답하십니다. 비록 하찮은 움막을 태워 자기의 생명을 구원하기 위한 하나님의 크신 뜻은 생각조차 하지 못한 채 당장 움막이 사라진 것만 서러워하는 인간의 얄팍한 생각에도 하나님은 그의 부르짖는 기도에 응답하셨습니다.

성도 여러분, 우리는 때때로 내가 가진 것을 거두시고 다른 좋은 것으로 주시려는 하나님의 뜻을 몰라 울부짖는 경우가 많습니다. 그러나 우리는 인간의 생사화복을 주관하시는 하나님의 사랑을 믿고 기다립시다. 하나님은 반드시 더 좋은 것으로 채워주실 것입니다.

2) 한나의 기도는 서원의 기도입니다.

"서원하여 가로되 만군의 여호와여 만일 주의 여종의 고통을 돌아보시고 나를 생각하시고 주의 여종을 잊지 아니하사 아들을 주시면 내가 그의 평생에 그를 여호와께 드리고 삭도를 그 머리에 대지 아니하겠나이다"(사무엘상 1:11). 삭도를 그 머리에 대지 않겠다고 서원한 것은 구약에 나오는 나실인(Nazirite)의 서원과 같습니다(민수기 6장; 사사기 13:15). 나실인은 세상에 태어나기 전부터 하나님의 소명을 받은 사람으로 평생 주님의 손에 맡기겠다는 신앙의 결단에 따라 이루어집니다. 나실인은 머리에 삭도를 대지 않습니다. 그 이유는 머리털을 보존함으로써 자신의 위에 자신을 주장하는 이가 있음을 뜻하며, 곧 하나님이 자신을 주장하신다는 것을 말합니다(고린도전서 11:3-10). 그리고 머리를 기르는 것으로 자기의 생명의 근원을 인식하고, 자기 위에 계신 하나님의 주권을 인정하고, 오직 그분의 명령에 절대 복종하겠다는 의지를 나타내고자 하는 것입니다. 한나는 하나님께 서원 기도를 드렸습니다. 아들을 주시면 나실인으로 하나님을 위해 바치겠다는 것입니다. 우리는 한나의 기도에서 배울 점이 있습니다.

그녀의 기도는 제목이 분명했습니다. "아들 하나를 주십시오." 그녀에게 제일 필요한 것은 아들이었기 때문입니다. 중언부언을 하지 않았습니다. 간단하면서도 확실한 제목으로 구했습니다. 자신의 유익을 구하지 않고 하나님께 영광을 돌릴 수 있는 아들을 구했습니다. 즉 자신의 정욕과 욕심을 채우기 위해 기도하지 않았습니다. "구하여도 받지 못함은 정욕으로 쓰려고 잘못 구함이니라"(야고보서 4:3)고 성경은 권면합니다.

어느 개척교회 옆에 술집이 개업을 했습니다. 술집은 밤마다 노랫소리로 시끄러웠고 교회는 늘 소음에 시달려야만 했습니다. 건디다 못한 교인들이 모여 회의를 했는데, 그 술집에 손님이 끊어져 그곳을 떠나도록 특별기도를 하자는 결론을 내렸습니다. 술집이 망해서 문을 닫도록 해달라고 온 교회가 밤낮으로 부르짖기 시작했습니다. 그런데 놀라운 사실은 기도를 시작하면서부터 술집은 점점 손님의 발길이 끊어지고 매상이 오르지 않아 결국 문을 닫을 지경에 이르렀습니다. 어디로부터인가 이 이야기를 듣게 된 술집 주인은 화가 나서 교회의 목사를 상대로 손해배상 청구소송을 냈습니다. "당신들이 기도해서 장사에 엄청난 타격을 입었으니 손해 배상을 하라."는 것입니다. 드디어 이 개척교회의 목사는 법정에 서게 되었습니다. 술집 주인은 계속 똑같은 주장을 폈고, 목사님은 "세상에 기도한다고 가게가 망하다니 그건 말도 안 되는 이야기다."라고 반대 주장을 폈습니다. 재판장은 이 어려운 문제를 심사하다가 결국 이런 판결을 내렸습니다. "술집 주인 믿음 좋음, 개척교회 목사 믿음 없음." 그리고 이것은 하나님도 책임이 있으니 손해배상은 하나님에게 가서 받도록 판결했다고 합니다.

물론 이 이야기는 누군가가 지어낸 우스갯소리일 것입니다. 그러나 분명한 것은 많은 기독교인들이 기도를 하고도 스스로 그 응답을 기대하지 않거나 불신한다는 사실입니다.

시편 81:10에서도 "네 입을 넓게 열라 내가 채우리라"고 말씀하고 계십니다. 고대의 한 풍습에 의하면 국가에 공을 세운 신하에게 상을 줄 때에 그로 하여금 입을 크게 벌리게 하고, 그 벌린 입에 보석을 가득 넣어주는 관례가 있었다고 합니다. 마찬가지로 하나님은 우리가 입을 넓게 열고 기도하기를 원하십니다. 즉, 큰 꿈을 가지고 기도하기를 원하십니다. 기도는 능력입니다. 우리가 기도한다면 재물이나 권력이 할 수 없는 엄청난 일도 이룰 수 있습니다. 기도로 큰 일을 이룬 분 중에는 기도의 아버지 조지 뮬러를 생각할 수 있습니다. 그는 돈 한푼 가지지 않고도 수 만 명의 고아를 길러 낸 위대한 기도의 용사입니다. 또한 인도 선교사였던 윌리엄 캐리도 위대한 기도의 사람입니다. 그는 비록 보잘 것 없는 구두 수선공이었지만 그의 비전과 꿈을 위해 기도한 결과 인도 선교에 큰 족적을 남긴 인물이 되었습니다. 그는 "하나님으로부터 위대한 것을 기대하라. 그리고 하나님을 위해 위대한 일을 시도하라."고 말했습니다. 우리도 이런 큰 꿈을 가지고 입을 넓게 열고 기도해야 하겠습니다.

성도 여러분, 우리의 기도도 하나님의 영광을 위한 것이어야 합니다. 이것은 하나님의 뜻에 합당한 기도입니다. 하나님은 한나를 통해 이스라엘의 지도자 사무엘을 주시려고 계획하셨습니다. 이것이 하나님의 뜻입니다. 한나는 자신의 욕심을 위하지 않고 주님께 바칠 아이를 구했으니 하나님의 뜻에 합당한 기도였습니다. 한나는 믿음으로 혼신의 힘을 다해 진실하게 기도했습니다. 그 기도가 응답되어 하나님은 사무엘이라는 귀한 인물을 한나에게 선물로 주셨습니다.

성도 여러분, 우리의 가정을 축복을 만드는 가정으로 만듭시다. 그러기 위해 우리 모든 가족이 하나님 앞에 예배드리기를 힘써야 합니다. 모든 문제를 하나님만 바라보고 하나님 앞에 가지고 나가야 합니다. 그리고 믿음으로 기도해야 합니다. 우리 모두 한나처럼 진실한 마음으로 기도하고, 하나님의 영광을 위해 거룩한 소원을 가지고 기도해서 자손 대대로 하나님께 영광을 돌리는 축복받는 가정을 이루어 가시길 기원합니다. 아멘.

부부생활은 순결해야 합니다

¹너희의 쓴 말에 대하여는 남자가 여자를 가까이 아니함이 좋으나
²음행의 연고로 남자마다 자기 아내를 두고 여자마다 자기 남편을 두라
³남편은 그 아내에게 대한 의무를 다하고 아내도 그 남편에게 그렇게 할지라
⁴아내가 자기 몸을 주장하지 못하고 오직 그 남편이 하며 남편도
이와 같이 자기 몸을 주장하지 못하고 오직 그 아내가 하나니
⁵서로 분방하지 말라 다만 기도할 틈을 얻기 위하여 합의상 얼마 동안은 하되
다시 합하라 이는 너희의 절제 못함을 인하여 사단으로
너희를 시험하지 못하게 하려 함이라

(고린도전서 7:1-5)

부부생활은 순결해야 합니다

고린도전서 7:1-5

> 부부생활의 순결은 한 남편과 한 아내의
> 울타리를 넘어서는 순간 무너지고 파괴됩니다.
> 하나님의 은혜로 구속함을 받아 성령이 내주하는
> 그리스도인들은 성관계에 있어서 반드시
> 이 규칙을 지켜야 합니다.

미래학자 앨빈 토플러의 「제3의 물결」(1980) 이라는 책에는 미래 사회에 있게 될 많은 일들 가운데 가정문제를 비중 있게 취급하고 있습니다. 그 가운데 하나가 전통적인 가치관이 붕괴되고 자유로운 성생활을 강조하는 시대적인 분위기로 흘러가게 될 것이라고 지적했습니다. 그런데 지금 우리 사회는 점차적으로 전통적인 성도덕이 자리를 잃어가고 있습니다. 우리나라가 세계 제3위의 이혼국가가 되었습니다. 우리에게 요구되는 것은 순결한 부부생활입니다. 행복한 가정을 세워 가는데 있어서 가장 기본적인 것은 바로 부부생활의 순결입니다. 우리 교회는 장년 순결서약 예배를 드리는 아름다운 전통을 만들어 가고 있습니다. 우리 모두가 행복하고 아름다운 가정을 만들어가기 위해 이 자리에 있습니다. 부부생활은 순결해야 합니다.

1. 결혼의 목적을 바로 알아야 합니다.

고린도 교회는 많은 은사를 가진 교회인 반면 많은 문제가 있었던 교회입니다. 특히 이 교회는 잘못된 방법으로 성적인 관계를 가지는 음행이 많았습니다. 고린도전서 5장과 6장에서는, 이 문제에 대해 자세하게 지적하고 있습니다. 이렇게 바울이 음행문제에 대해 길게 논의한 것은 불건전한 남녀관계가 신앙생활에 얼마나 위험한 것인지를 보여주기 위해서입니다. 바울은 이 음행 문제에 대해 아주 중요한 원리를 6:19-20에서 결론 내렸습니다. "너희 몸은 너희가 하나님께로부터 받은 바 너희 가운데 계신 성령의 전인 줄을 알지 못하느냐 너희는 너희의 것이 아니라 값으로 산 것이 되었으니 그런즉 너희 몸으로 하나님께 영광을 돌리라"

  예수 그리스도의 보혈의 공로로 말미암아 구속함을 받아 성령이 거하게 된 모든 성도들의 몸은 항상 하나님께 영광을 돌리는 생활이 되어야 합니다. 사도 바울은 부부생활에 있어서 하나님께 영광을 돌리는 구체적인 방법을 오늘 본문에서 취급하고 있습니다. 고린도전서 7:1에서 '남자가 여자를 가까이 아니함이 좋다'고 했습니다. 이 말씀의 원어적인 의미는 '남자가 여자와 성적인 관계를 가지지 않는 것이 좋다.' 입니다. 이것은 결혼을 하지 않는 것이 좋다는 뜻인데, 새 국제 영어 번역 성경(NIV)에서는 이 절을 난하주에서 이 원어적인 의미를 그대로 번역했습니다. 이 말씀에서 '좋다'고 하는 말은 하나님께서 말씀하신 법칙으로 말하고 있는 것이 아닌 권장사항이라는 뜻입니다. 만약 이 말씀이 하나님의 법이라고 한다면 결혼해서 부부관계를 가지는 것은 죄가 될 것입니다. 그러나 부부 사이에 성적인 관계를 가지는 것은 죄가 되지 않습니다. 바울이 여기서 말하는 점은 결혼하지 않는 것이 좋다는 뜻이지, 부부생활에서 성관계를 가지지 말라는 것은 아닙니다. 그러나 바울은 2절에서 '(그러나) 음행의 연고로 남자마다 자기 아내를 두고 여자마다 자기 남편을 두라'고 했습니다. 여기서 바울은 '음행의 연고로' 결혼할 것을 말하고 있습니다. 이 말이 의미하는 것은 '음행의 사건들이 발생하므로' 라는 의미도 되고, '음행의 죄들을 피하기 위하여' 로도 번역할 수 있습니다. 그러나 여기서 주의해야 할 것은, 남자와 여자가 결혼하는 목적이 음행을 피하기 위한 것이 아니라는 점입니다. 여기서 강조하고 있는 사상은 음행하는 일은 그리스도인의 삶에 옳지 않고, 하나님께 영광을 돌리는 생활을 할 수 없다는 점을 강조하기 위한 것입니다. 결혼의 목적은 결혼을 통해 하나님을 알고, 또한 서로 도와서 하나님의 뜻을 이루어가도록 하기 위한 것입니다. 결혼은 율법이 아니라 창조질서입니다. 창조질서라는 말은 '하나님을 알고 섬기는 방법으로 주셨다.' 는 것입니다. 하나님 나라를 위해 결혼을 할 수도 있고 하지 않을 수도 있습니다. 이것은 명령이 아니라 권장사항입니다. 그러므로 결혼을 하는 것은 부부가 서로 봉사를 통해 하나님의 뜻을 이루며, 하나님의 나라를 이루기 위한 것입니다.

여기에 근거하여 리처드 포스터는 결혼의 원칙을 구체화시켜서 이렇게 말했습니다. "결혼은 이 땅에 하나님 나라를 건설하는 일에 이바지하고, 자신과 다른 사람의 행복에 이바지해야 한다." 이러한 성경의 원리에 비추어 볼 때 결혼을 하든 하지 않든 그것은 자유입니다. 따라서 중요한 것은 '어떻게 하면 하나님의 뜻을 잘 이루어 드릴 수 있느냐? 에 따라 결정해야 한다는 것입니다. 우리는 결혼을 할 수도 있고 하지 않을 수도 있습니다. 어떻게 하든 하나님 앞에 죄가 되는 문제는 아닙니다.

그런데 바울은 이 본문에서 결혼하지 않고 하나님의 뜻을 잘 이루고 싶지만 음행하는 죄로 인하여 이 일이 방해를 받을 수 있다는 점을 염두에 두고 있습니다. 음행은 하나님의 영광을 가리우는 죄가 됩니다. 그래서 바울은 이러한 문제가 있음을 가정하고, 결혼하여 성적인 관계를 가지면서 하나님의 뜻을 이루는 것이 더 좋다고 했습니다. 이 점에 대한 바울의 입장을 더 잘 알 수 있는 본문이 고린도전서 7:8-9입니다. "내가 혼인하지 아니한 자들과 및 과부들에게 이르노니 나와 같이 그냥 지내는 것이 좋으니라 만일 절제할 수 없거든 혼인하라. 정욕이 불같이 타는 것보다 혼인하는 것이 나으니라." 그래서 바울이 이 절에서 말하고자 하는 것은 이렇습니다. "여러분들이 결혼하지 않고 그냥 지내는 것이 하나님의 뜻을 이루는 일에 더 좋다면 그렇게 하는 것이 좋습니다. 그러나 정욕이 불타서 그것 때문에 죄를 범하게 되고, 하나님의 뜻을 온전히 이룰 수 없다고 생각한다면 결혼하십시오."

여기서 우리가 알아야 할 것은, 결혼이라는 제도는 결국 하나님께서 태초에 세우신 가정의 목적대로 하나님을 알고, 하나님을 잘 섬기기 위한 방편으로 주셨다는 것입니다. 결혼하지 않고 이 일을 잘 할 수 있다면 결혼하지 않아도 됩니다. 그러나 사실 이러한 은사를 받은 사람은 대단히 적습니다. 그래서 바울은 획일적으로 결혼을 하거나, 또는 독신으로 지낼 것을 말하지 않습니다. 그래서 그는 7절에서 이렇게 말했습니다. "나는 모든 사람이 나와 같기를 원하노라 그러나 각각 하나님께 받은 자기의 은사가 있으니 하나는 이러하고 하나는 저러하니라." 사람들마다 받은 은사는 각기 다릅니다.

그러나 바울처럼 결혼하지 않고 평생 하나님의 뜻을 이루기 위해 그냥 지내는 사람은 그리 많지 않습니다. 하나님의 나라와 교회를 위해 결혼하지 않고 지내는 특별한 사람들이 있습니다. 그 중에 바실레아 슐링크 여사나 존 스토트 목사님 같은 분이 있습니다. 천주교의 사제나 수녀도 처음에 시작할 때는 이러한 목적 때문에 결혼하지 않았습니다. 그러나 거듭 말씀드리지만 이 은사는 아무나 받는 것이 아닙니다. 결혼은 부부가 평생 하나님의 영광과 하나님의 뜻을 이루기 위해 하는 것임을 이해해야 합니다.

2. 한 남편과 한 아내가 되어야 합니다.

　부부의 순결 원칙은 한 남편과 한 아내입니다. 즉 부부생활의 순결은 성을 올바르게 사용하는데서 시작되고 유지됩니다. 하나님께서 남자와 여자로 창조하셨기 때문에 사람들은 기본적인 성욕을 다 가지고 있습니다. 그래서 사람들이 성을 올바르게 사용하는 문제는 대단히 중요합니다. 사도 바울은 성의 사용문제에 대해 2절에서 아주 중요한 규칙을 가르쳐주고 있습니다. "음행의 연고로 남자마다 자기의 아내를 두고, 여자마다 자기 남편을 두라." 사람들마다 성욕을 느끼고, 이 일 때문에 범죄할 가능성이 있다는 사실을 전제로 해서 결혼하여 한 남편과 한 아내를 가져야 한다고 말합니다. 아내나 남편을 수식하는 말은 '자신의 아내,' '자신의 남편' 이라고 하는 수식어를 사용함으로, 강력하게 일부일처제를 말하고 있습니다. 다시 말씀드리면 성관계는 결혼이라고 하는 관계에서, 그리고 일부일처제라고 하는 테두리 안에서 가져야 한다는 말입니다. 이것이 성에 대한 성경의 기본적인 가르침입니다.

　요즘 현대사회의 부부생활이나 가정에 문제가 발생하는 중요한 원인이 무엇입니까? 많은 이유들이 있겠지만 가장 중요한 이유 가운데 하나는 하나님께서 정해 주신 이 규칙, 즉 결혼의 관계에서 성관계를 가져야 한다는 것과 일부일처제의 범위 안에서 관계를 가져야 한다는 규칙을 상실했기 때문입니다. 한 남자는 자기 아내와, 그리고 한 여자는 자기의 남편과만 관계를 가져야 합니다. 그러나 오늘날 많은 남편들이 다른 여자와 관계하고 있습니다. 뿐만 아니라 여자, 특히 주부들도 다른 남자들과 관계를 가지기도 합니다. 이 문제로 인하여 이혼하는 경우들이 드라마나 신문지상을 통해 얼마나 많이 보도되고 있습니까?

부부생활의 순결은 한 남편과 한 아내의 울타리를 넘어서는 순간 무너지고 파괴됩니다. 하나님의 은혜로 구속함을 받아 성령이 내주하는 그리스도인들은 성관계에 있어서 반드시 이 규칙을 지켜야 합니다. 이것이 성령이 내주하는 성도들의 삶의 모습이며, 또한 하나님께 영광을 돌리는 생활이기 때문입니다.

그리고 이 말씀은 혼전 성관계도 신자들에게 잘못되었다는 점을 가르쳐주고 있습니다. 요즘 젊은 사람들은 성에 대한 의식구조가 많이 달라져가고 있습니다. 얼마 전에 남녀의 성관계에 대한 설문조사 결과가 신문에 실렸습니다. 남녀 고등학생들을 대상으로 한 이 설문조사에는 무려 17%, 남녀 대학생들은 무려 25% 이상이 성관계를 경험한 적이 있다고 응답했습니다. 그리고 이 문제에 대해 별로 죄악시하지 않는다는 응답은 남자의 경우 무려 70% 이상이나 되었습니다. 더욱 우리를 놀라게 만드는 것은, 이러한 성관계가 사랑의 표현이라고 생각한다는 것입니다. 우리는 이 문제를 심각하게 받아들여야 합니다.

성경은 결혼한 사람들만이 성관계를 가질 수 있다고 말합니다. 우리는 이 일이 얼마나 중요한 일인지를 알아야 합니다. 이 중요성에 대해서는 구약성경에서도 많은 언급을 합니다. 예를 들어, 처녀인 여자가 약혼한 후에 다른 남자와 관계하면 두 사람을 다 죽이라고 했습니다(신명기 22:22-23). 그리고 결혼을 약속한 사이라 할지라도 서로 관계를 가지면 안됩니다. 특히 성경은 결혼하여 얻은 아내가 첫 날밤에 관계하여 그가 처녀의 표적이 없으면 정당한 재판절차를 거쳐 죽이라고 했습니다(신명기 22:20-21). 이것은 무엇을 의미합니까? 이러한 하나님의 말씀들은 하나님은 혼전 성관계를 가증한 일로 간주하고 있으며, 하나님의 백성들의 삶에 합당한 것이 아니라는 점을 보여줍니다.

부부생활의 순결은 한 남편과 한 아내 안에서만 이루어집니다.

3. 건전한 부부생활을 해야 합니다.

그러면 하나님의 뜻을 이루는 건강한 그리스도인의 가정을 이루기 위해 실제적으로 어떻게 부부생활을 해야 합니까? 사도 바울은 이 점을 잘 설명해 주고 있습니다. 바울은 고린도전서 7:3에서 이렇게 말했습니다. "남편은 그 아내에게 대한 의무를 다하고 아내도 그 남편에게 그렇게 할지라" 여기에서 문맥상으로 볼 때, 성관계에 있어서 서로의 의무를 다하라는 말입니다. 서로의 욕구를 충족시켜야 할 책임이 있고, 서로를 위해 성을 보호해야 할 의무가 있습니다. 이 의무에 있어 남편과 아내의 차이가 없습니다. 완전히 동등한 권리와 의무를 가지고 있다는 사실을 알아야 합니다. 이 사실을 고린도전서 7:4에서 잘 보여주고 있습니다. "아내가 자기 몸을 주장하지 못하고 오직 그 남편이 하며 남편도 이와 같이 자기 몸을 주장하지 못하고 오직 그 아내가 해야하나니" 부부관계에 있어서 남편과 아내는 서로에게 자기 주장을 하지 못한다고 합니다. 특히 바울이 이 본문에서 강조하고 있는 것은 스스로가 상대방의 권위 아래에 있다고 하는 것을 인식해야 한다는 말입니다. 남편은 아내의 요구에 따라야 하고, 아내는 남편의 요구에 따라야 한다는 말입니다. 남편은 아내를 위해 아내는 남편을 위해 봉사하고, 자신의 삶을 깨끗하고 순결하게 단장해야 합니다. 남편도 순결을 지켜야 하고 아내도 순결을 지켜야 행복한 부부생활을 이룰 수 있습니다. 요즈음은 남편이 외도하면 아내도 따라 합니다. 그러므로 부부는 서로가 노력하고 봉사하고 협력해야 합니다.

실제로 부부생활에 있어서 성생활은 굉장히 중요합니다. 서로에게 만족할 수 있도록 봉사해야 합니다. 이것은 부부생활의 순결을 지키기 위한 것입니다.

사람들은 성적인 존재입니다. 따라서 악한 사탄은 항상 이 문제로 시험할 수 있습니다. 그래서 바울은 이러한 문제를 이미 알고 기도하는 일을 제외하고는 절대로 분방하지 말 것을 말합니다. 5절의 말씀을 보십시오. "서로 분방하지 말라 다만 기도할 틈을 얻기 위하여 합의상 얼마 동안은 하되 다시 합하라 이는 너희의 절제 못함을 인하여 사단으로 너희를 시험하지 못하게 하려 함이라" 부부생활 가운데 기도하는 일을 제외하고는 서로 분방하지 말 것을 말합니다. 성경말씀대로 기도하는 일 외에는 절대로 분방하지 마십시오.

요즈음은 남편이 외국에 출장을 가서 에이즈에 감염되어 오는 사례들을 간혹 매스컴을 통해 접하게 됩니다. 외국이라는 곳에는 자기를 아는 사람이 없기 때문에 부른 관계를 맺는 사례들이 빈번합니다. 부인들도 시간과 여유가 있고, 여러 가지 활동이나 모임을 통해 탈선하는 경우가 많습니다. 이것은 사탄이 절제하지 못하는 마음을 이용하여 범죄하게 만들고, 부부의 순결한 관계를 파괴하는 것입니다. 일반적으로 에이즈는 동성연애자들에게 발병률이 높다는 것으로 알려져 있습니다. 그러나 우리나라의 경우는 동성연애보다 에이즈에 감염된 자들과 관계를 가짐으로 병을 얻게 된다는 것이 통계청의 보고입니다.

인천에 소재한 어느 경찰서의 강력반장인 김 모경사가 구속되었습니다. 이 사람은 96년 6월에 우연히 알게된 유부녀 김 모씨와 정을 통하게 되었습니다. 그런데 김 경사는 경찰의 신분을 이용해서 "남편에게 알리겠다. 깡패들을 동원하여 처리하겠다."고 협박하여 아홉 차례에 걸쳐 1억 1,400여 만원을 받아냈습니다. 이러한 사실이 발각되어 구속되었습니다(한겨레신문 1997년 2월 16일자). 이 기사에서 강간하고 돈을 갈취한 김 경사도 문제지만, 남편과 자녀가 있는 부인이 다른 남자와 정을 통하는 것 역시 문제입니다. 이 정도의 돈을 줄 정도라면 사회 부유층에 있는 부인임에 틀림없을 것입니다. 결국 이 두 사람이 성적 유혹을 이기지 못한 결과, 한 사람은 구속되어 사회적 지위를 잃고 다른 한 사람은 재물과 가정을 동시에 잃었습니다.

　이러한 사회 병리 현상을 보면서 우리가 건강한 부부생활을 가지는 것이 얼마나 중요한 것인지를 알 수 있습니다. 특별히 그리스도인들의 부부관계에 있어서 성을 통해 서로에게 의무를 다하는 일이 얼마나 중요한 것인지를 알 수 있습니다.
　바울이 이 본문에서 말하고 있는 것처럼, 우리가 절제하지 못하는 연약한 인간본성을 가지고 있을 뿐만 아니라 사탄이 이를 이용하여 시험하기 때문입니다. 그래서 예수 그리스도께서 십자가에 죽으심으로 구속함을 받아 성령의 지배를 받는 우리 성도들의 부부생활에서 제일 중요한 수칙은 부부가 다른 방을 쓰지 말라는 것입니다.

　부부생활은 순결해야 합니다. 이것이 행복의 비결이요 성공과 축복의 비결입니다. 결혼의 목적은 하나님의 영광입니다. 우리가 결혼하지 않고도 하나님의 뜻을 잘 이룰 수 있다면 결혼하지 않아도 됩니다. 그러나 정욕으로 인하여 범죄할 가능성이 있다면 결혼하는 것이 좋습니다. 그리고 성을 사용할 대상은 반드시 한 남편과 한 아내이어야 합니다. 결혼관계 안에서, 그리고 일부일처제의 테두리 안에서만 가져야 합니다. 반드시 결혼하여 남자는 자기 아내와, 여자는 자기 남편과만 성관계를 가져야 합니다. 하나님이 정해주신 규칙에 따라 건전한 부부생활을 해야 합니다. 부부 사이에 서로 대화가 되고, 건강한 성생활을 통해 화목하고 재미있는 가정을 만들어 가야 합니다. 이 일을 위해 부부가 늘 함께 다니는 것을 생활화하십시오.

건강하고 순결한 부부생활은 예수 그리스도로 말미암아 구속함을 받아 성령이 내주하시는 신자의 모습이요, 하나님께 영광을 돌리는 생활입니다. 아멘.

모범적인 부부의 헌신

¹이 후에 바울이 아덴을 떠나 고린도에 이르러 ²아굴라라 하는 본도에서 난
유대인 하나를 만나니 글라우디오가 모든 유대인을 명하여 로마에서 떠나라
한고로 그가 그 아내 브리스길라와 함께 이달리야로부터 새로 온지라
바울이 그들에게 가매 ³업이 같으므로 함께 거하여 일을 하니
그 업은 장막을 만드는 것이더라 ⁴안식일마다 바울이 회당에서
강론하고 유대인과 헬라인을 권면하니라

(사도행전 18:1-4)

모범적인 부부의 헌신

사도행전 18:1-4

> 부부란 사람들이 어쩌다가 만나 필요에 따라
> 적당히 짝을 지어 사는 것이 아니라,
> 하나님이 친히 개입하셔서 만들어 주신 것입니다.
> 그래서 가정은 거룩한 곳입니다.
> 하나님은 부부가 일심동체가 되어 하나님께 헌신하고
> 하나님을 섬기며 사는 것을 무척 기쁘게 받으십니다.

가정에서 가장 중요한 구성원은 부부입니다. 그리고 이 부부를 짝을 지어주신 분은 하나님이십니다. 하나님은 인간을 만드시고 그 코에 생기를 불어넣어 살아 있는 영, 즉 생령을 만드셨습니다. 그리고 '사람이 혼자 사는 것이 좋지 못하니 돕는 배필을 지으리라' 말씀하시고, 아담을 깊이 잠들게 하신 후 갈비뼈 하나를 취하여 여자를 만드셨습니다. 그리고 이 남녀를 짝지어 가정을 이루게 하셨습니다. 부부란 사람들이 어쩌다가 만나 필요에 따라 적당히 짝을 지어 사는 것이 아니라, 하나님이 친히 개입하셔서 만들어 주신 것입니다. 그래서 가정은 거룩한 곳입니다. 하나님은 부부가 일심동체가 되어 하나님께 헌신하고 하나님을 섬기며 사는 것을 무척 기쁘게 받으십니다.

부부생활을 비유한 재미있는 말들이 있습니다. "신혼 때에는 집안에서 음식을 끓이느라 '지글지글' 소리가 나고, 일 년쯤 지나면 아기 오줌 누이느라 '쉬' 하는 소리가 나고, 십 년이 지나면 김빠지는 소리가 '휴' 하고 난다. 신혼 때에는 부부가 밤참으로 피자를 먹으며 즐기지만, 일 년쯤 지나면 냉장고에서 아무것이나 내어 먹고, 십 년쯤 지나면 부부싸움을 하느라고 아무것도 먹지 못한다." 부부가 한평생을 살아가는데도 나이에 따라 배우자를 달리 생각하게 된다고 합니다. "10대에는 꿈속을 그리며 살고, 20대에는 신이 나서 살고, 30대에는 환멸을 참으며 살고, 40대에는 체념하며 살고, 50대에는 가여워서 살고, 60대에는 없어서는 안되므로 살고, 70대에는 고마워서 산다."고 합니다. 또 한평생 동안 부부생활에는 몇 가지

단계를 거치는데 첫 단계는 '황홀'의 단계, 그 다음에는 '실망'의 단계, '포기'의 단계, '미운 정 고운 정'의 단계, '당신없이는 못살아' 단계라고 합니다. 그래서 약혼은 약간 후회하는 것이요, 결혼은 결국 후회하는 것이라는 말도 있습니다.

부부가 함께 섬기는 것이 중요합니다. 교회 안에서 부부가 함께 헌신하는 모습을 보면 참으로 아름답습니다. 어떤 가정은 부인은 신앙도 좋고 헌신적인 반면, 남편은 그렇지 못한 가정이 있습니다. 반대로 남편은 모범적이며 헌신적인데 비해 부인이 그렇지 못한 가정도 있습니다.

오늘 성경 본문에서 특별히 주님께 헌신한 부부의 유형을 볼 수 있습니다. 바로 브리스길라와 아굴라 부부입니다. 남편의 이름은 아굴라, 아내의 이름은 브리스길라입니다. 그런데 이들을 부를 때마다 브리스길라와 아굴라, 즉 아내 이름을 먼저 부르는 것을 볼 수 있습니다. 이것은 신앙적으로 볼 때 여자가 더 적극적이며 영적으로도 남편보다 위가 아니었나 생각됩니다.

아굴라는 원래 본토(pontus) 출신의 유대인입니다. pontus는 소아시아(터키)의 cappadopia와 gallatia지방의 북쪽 지방으로, 로마 제국의 입장에서 볼 때에 이들은 시골 사람이거나 시골 출신입니다. 짐작하건대 아굴라는 로마에 와서 로마의 명문가 출신인 브리스길라라는 처녀를 만나 결혼한 것입니다. 브리스길라가 귀족 출신인 것은 그 이름으로도 알 수 있습니다. 그 여자의 성명은 브리스가(로마서 16:3)입니다. 그 브리스가의 애칭이 브리스길라입니다. 전형적인 로마 귀족 유형의 이름입니다. 그 여자도 역시 유대인의 피가 섞여 있었습니다. 그 여자는 공부를 많이 한 지성인이며, 영적으로도 깊이 있는 신앙인이어서 기품이 있는 사람임에 틀림이 없습니다. 남편은 이런 부인을 잘 따라 준 것입니다. 이들 부부의 헌신은 성경에서 모범적으로 기록되고 있습니다.

1. 이 부부는 어디를 가든지 항상 함께 있었습니다.

성경 여러 곳에서 브리스길라와 아굴라 부부의 이름은 항상 함께 나옵니다. 아굴라가 pontus에서는 비록 시골 사람이었지만, 로마에서 두 사람이 가정을 이루고 살면서 그곳에서는 이미 주님을 영접했습니다. 그런데 글라우디오 황제가 모든 유대인을 명하여 로마를 떠나라는 명령을 내렸습니다. 그것은 당시의 유대인들이 세계의 수도인 로마로 계속 몰려들어 장사를 했기 때문에 상당부분의 상권이 유대인으로 넘어가고 있었습니다. 그리고 두 번째 이유는 유대인 중의 기독교인들이 계속 전도를 해서 많은 로마인들이 기독교로 개종하고 있었기 때문입니다. 그러나 글라우디오 황제는 유대인 남자들은 다 추방했지만 유대인 여자들에게는 관대했습니다. 그것은 유대인 여자들 중 미인이 많았기 때문입니다. 로마의 남자와 결혼한 유대인 여자는 로마인으로 대우했으며, 남편의 지위에 따라 응분의 사회적 대접을 받을 수 있었습니다. 그러나 대부분의 유대인 여자들은 이 특혜를 거절하고 남편을 따라 고생을 각오하고 로마를 떠났습니다. 그만큼 유대인 여자들은 남편에게 성실했습니다.

유대인의 결혼은 이방인과 다릅니다. 그들은 제사장 앞에서 율법책 위에 손을 얹고 결혼을 맹세합니다. 남편이 아내를 대할 때 언약의 아내로 생각했으며, 아내가 남편을 대할 때에도 언약의 남편으로 믿었습니다. 따라서 하나님의 언약을 파기하고 아내나 남편을 버린다면 하나님이 벌 위에 벌을, 저주 위에 저주를 더하신다고 믿었습니다. 결혼은 하나님 앞에서 피로 맺어진 약속입니다. 오늘날의 가정과는 아주 대조적입니다.

오늘날의 이혼 사유를 살펴보면 성격 차이 32%, 시댁과의 관계 18%, 성적 외도(부정) 17%, 대화 부족 16%, 경제적 문제 7%, 기타 문제 등으로 나타납니다. 오늘날의 많은 사람들이 진지성을 잃어 갑니다. 이것이 불신이요 비극입니다. 우연한 기회에 만나서 눈이 마주쳐 감정이 통하면 단번에 행동으로 들어가고, 얼마 후 "우리 결혼할까?" "그래, 맘대로 해." 하고는 결혼한다고 합니다. 또 얼마간 살아보다가 다른 사람에게 마음을 빼앗기거나 성미에 맞지 않는 일이라도 있으면 "우리 헤어질까?" "그래, 맘대로 해." 하고는 헤어집니다. 결혼을 소꿉장난처럼 생각하는 사람들이 많습니다. 가정의 거룩함이 깨어져가고 있습니다. 결혼식 때에 주례하는 목사님이 "하나님이 짝지어 주신 것을 사람이 나누지 못할지라"는 권면을 하십니다. 그런데 저들 마음대로 나누어 버립니다.

미국의 어느 잡지에 이런 글이 있었습니다. 남편의 거동이 약간 수상해 보인 부인이 남편을 시험하려고 말했습니다. "여보, 만일 내가 죽으면 당신 어떻게 할 거예요?" "뭘 어떻게 해?" "당신 다른 여자와 결혼 할거예요? 안 할 거예요?" 이럴 때 남편이 결코 재혼하지 않는다고 하면 아내는 속는 줄 알면서도 기분은 좋았을 것입니다. 그러나 남자는 솔직하게 말합니다. "그거야 내 나이가 아직 젊으니 안 할 수도 없고, 뭐 그런 것 아니겠어?" 아내가 좀 섭섭한 마음이 들었지만 한가지

더 물어 봅니다. "혹시 내가 죽으면 내가 타던 자동차는 어떻게 할 거예요?" "글쎄 그 차가 아직 새것인데 팔면 많이 손해 볼 거야. 어쩔 수 없이 타게 해야 하지 않겠어?" 화가 난 아내가 다시 묻습니다. "그러면 내가 죽으면 내가 샀던 골프채도 그 여자 쓰게 할 거예요?" "아니, 그건 안 될 거야." "왜요?" "그 여자는 왼손잡이거든." 부부가 서로 속고 사는 것입니다. 서로 믿지 못하는 부부, 이것은 비극입니다.

부부는 서로를 신뢰해야 합니다. 그리고 의심받는 행동을 하면 안됩니다. 내가 점심이나 저녁을 어디에서 누구와 먹고 있다는 것을 알려주어야 합니다. 부부는 서로를 100% 신뢰해야 합니다. 배우자의 하루의 모든 일정을 알고 있어야 합니다. 거짓말을 예사로 하며 속이게 되면 부부 사이에는 이미 금이 나기 시작한 것입니다. 이런 불신의 시대에 브리스길라와 아굴라 같은 아름다운 부부의 모습은 얼마나 감동적입니까? 항상 동행하고 같이 하는 부부가 되시기를 바랍니다.

2. 이 부부는 주님께 완전히 헌신한 부부였습니다.

브리스길라와 아굴라는 로마에서 추방되어 고린도로 왔습

니다. 그러나 그들은 어느 정도의 재산이 있었습니다. 비록 아굴라가 천막 깁는 일을 했지만 생계를 유지하기 위한 직업은 아니었습니다. 그런데 그들은 고린도에서 우연히 바울을 만났습니다. 바울도 아테네 선교를 실패한 후에 고린도로 왔기 때문에 마음은 약해지고 두려운 상태에서 천막 깁는 일을 하면서 다시 전도할 기회를 엿보던 때였습니다. 이 부부는 바울을 자기의 집으로 데려왔습니다. 그리고 바울로부터 많은 말씀을 들으며 영적으로 빠른 성장을 했습니다. 이 부부는 1년 6개월 동안 고린도에서 바울과 함께 살면서 영적으로 성장했으며, 바울의 사역을 열심히 도왔습니다. 그리고 마침내 고린도 교회를 크게 부흥시키는데 중요한 역할을 담당했습니다. 그 후 바울이 에베소로 갈 때에 이 부부도 함께 갑니다. 그것은 잠깐 다니러 가는 것이 아니라 가재도구를 다 처분하고 이사를 한 것입니다. 이제 이 부부는 바울과 한가족이 되었습니다. 에베소에서도 한 집에서 함께 살았습니다. "바울은 더 여러 날 유하다가 형제들을 작별하고 배타고 수리아로 떠나갈 새 브리스길라와 아굴라도 함께 하더라… 바울이 에베소에 와서 저희를 거기 머물러 두고 자기는 회당에 들어가서 유대인들과 변론하니"(사도행전 18:18-19). 이 부부를 집에 남겨두고 회당에 들어갔다고 합니다. 이 부부는 바울이 에베소 전도를 간다고 하자 바울의 선교를 돕기 위해 그들의 상업과 집을 정리하고 바울을 따라나선 것입니다. 오늘날 이런 성도가 있겠습니까? 하나님의 사업을 위해 자기의 집을 희생하고 따라나서는 이 부부의 모습을 한번 상상해 보십시오.

오늘날에도 이런 헌신적인 성도들이 있습니다. 곳곳에 주의 종들이나 복음 전도자와 선교사를 돕는 성도들이 있습니다. 기도와 찬송으로 여러 가지 봉사로 수고를 아끼지 않는 성도들이 있습니다. 그래서 전 세계에서 선교가 이루어지고 있습니다. 부산의 브리스길라와 아굴라, 서울의 브리스길라와 아굴라, 요하네스버그의 브리스길라와 아굴라, LA의 브리스길라와 아굴라, 중국의 브리스길라와 아굴라, 일본의 브리스길라와 아굴라…. 이들은 모두 주의 종들에게 큰 위로와 힘이 됩니다.

사람들이 이사를 할 때에 동네를 선택하는 기준은 주로 직장이나 학교, 또는 일가친척 등의 연고지가 있는 곳으로 하게 됩니다. 그러나 오늘 이 부부의 예에서 보듯 진정한 크리스천은 신앙을 중심으로 교회를 따라 이사합니다. 즉 이사를 할 때에 하나님을 중심으로 합니다. 앞으로 여러분들이 이사할 일이 있으면 될수록 교회 근처로 오십시오.

"아시아의 교회들이 너희에게 문안하고 아굴라와 브리스길라와 및 그 집에 있는 교회가 주 안에서 너희에게 간절히 문안하고"(고린도전서 16:19). 바울이 에베소에 있으면서 고린도 교회에 쓴 편지 중에 있는 글입니다. 이 부부는 자기의 집을 교회로 내놓은 것입니다. 자기의 집을 교회로 내놓는다는 것은 집을 하나님 앞에 바쳤다는 뜻이요, 교인들을 접대하는 일을 도맡아 했다는 것뿐만 아니라 죽음을 각오했다는 말입니다. 그 당시 기독교는 박해를 받을 때였기 때문입니다. 브리스길라와 아굴라는 바울에게 있어 다시없는 협력자였습니다. 그들은 원래 로마에서 오랫동안 살았던 사람들이므로, 땅 끝까지 복음을 전하려면 먼저 로마 선교를 해야 한다는 것을 바울에게 누누히 설명했을 것입니다. 그래서 바울은 일찍부터 로마로 가기를 사모했다고 성경은 말씀합니다. "이 일이 다 된 후 바울이 마게도냐와 아가야로 다녀서 예루살렘에 가기를 경영하여 가로되 내가 거기 갔다가 후에 로마도 보아야 하리라"(사도행전 19:21). 이처럼 바울이 로마로 가기를 사모하자 마침 그라우디오 황제가 죽었습니다. 그러자 브리스길라와 아굴라는 다시 로마로 이사하게 됩니다. 그리고 로마교회에서 열심히 충성하면서 바울의 로마행을 준비했습니다. 그리고 때때로 바울에게 편지하여 로마교회의 형편을 알린 것입니다. 바울이 로마서를 쓴 것은 브리스길라와 아굴라와 같은 사람들이 로마 교회에 있었기 때문입니다. "너희가 그리스도 예수 안에서 나의 동역자들인 브리스길라와 아굴라에게 문안하라 저희는 내 목숨을 위하여 자기의 목이라도 내어 놓았나니 나 뿐 아니라 이방인의 모든 교회도 저희에게 감사하느니라 또 저희 교회에게도 문안하라"(로마서 16:3-5). 무슨 말씀입니까? 브리스길라와 아굴라는 로마에서 집을 장만하자마자 교회로 사용하도록 문을 열어준 것입니다. 당시의 교회는 지금처럼 큰 건물의 예배당이 아니라 헌신적인 성도의 집을 교회로 삼아 모였습니다. 실로 브리스길라와 아굴라는 바울을 위해 자기의 재산뿐만 아니라 목이라도 내어놓을 사람들입니다. 결과 성경에 빛나는 이름이 된 것입니다.

이처럼 바울의 뒤에는 자기를 위해 목숨까지도 버릴 수 있는 동역자들이 있었습니다. 바울이 바울 될 수 있었던 것은 바로 이처럼 사랑과 헌신을 아낌없이 바칠 수 있는 성도들이 있었기 때문입니다. 이런 섬김의 정신이 있었기 때문에 주님의 복음이 땅 끝까지 전파될 수 있었습니다.

3. 이 부부는 좋은 본보기였습니다.

"알렉산드리아에서 난 아볼로라 하는 유대인이 에베소에

이르니 이 사람은 학문이 많고 성경에 능한 자라 그가 일찍 주의 도를 배워 열심히 예수님에 관한 것을 자세히 말하며 가르치나 요한의 세례만 알 따름이라"(사도행전 18:24-25). 아볼로는 언변이 뛰어나고 성경도 잘 아는 사람이었습니다. 어느 날 브리스길라와 아굴라 부부가 아볼로의 설교를 듣게 되었습니다. 그 설교는 논리적·성경적·철학적·웅변적이었습니다. 그런데 그의 설교를 들으면서 브리스길라와 아굴라는 가장 중요한 복음의 핵심적 요소가 빠진 것을 발견했습니다. 그래서 이 젊은 청년 설교자를 자기의 집으로 초청해서 잘 대접한 후 하나님의 도를 더 자세히 풀어 일러 주었습니다. 그 내용은 아마도 논리적 학문이기보다는 성령에 대한 것, 관념적이 아닌 실제 경험에 기초한 하나님의 능력에 대한 말씀이었을 것입니다. 이 부분은 그들의 성경지식과 경험으로 다른 사람을 부끄럽게 만든 것이 아니라 온유하고 은밀하게 말씀해 주었습니다. 아볼로는 기쁘게 그 말씀을 받아들였고, 후에는 훌륭한 지도자가 되었습니다. 그는 고린도 교회의 초대 감독이 되었습니다. 바울은 이렇게 말했습니다. "나는 심었고 아볼로는 물을 주었으되 오직 하나님은 자라나게 하셨나니" 즉, 바울도 아볼로를 인정하는 것으로 볼 수 있습니다. 성경에 브리스길라와 아굴라가 설교했다는 말은 없습니다. 그들은 설교자나 목회자로 부르심을 받은 것이 아니라 평신도로써 사도들을 돕고 기도 해주고 섬김으로써 영향을 끼칠 수 있는 사람으로 부르심을 받은 것입니다. 브리스길라와 아굴라는 온전히 주께 헌신한 부부입니다.

사랑하는 성도여러분, 여러분도 오늘의 브리스길라와 아굴라가 되지 않으시렵니까? "주여, 우리 부부가 헌신하겠나이다. 우리 부부를 브리스길라와 아굴라처럼 사용해 주소서." 이렇게 기도하며 우리도 브리스길라와 아굴라처럼 헌신된 부부, 헌신된 가정이 됩시다. 아멘.

좋은 아버지가 됩시다

¹또 가라사대 어떤 사람이 두 아들이 있는데 ¹²그 둘째가 아비에게 말하되 아버지여 재산 중에서 내게 돌아올 분깃을 내게 주소서 하는지라 아비가 그 살림을 각각 나눠주었더니 ¹³그 후 며칠이 못되어 둘째 아들이 재물을 다 모아 가지고 먼 나라에 가 거기서 허랑 방탕하여 그 재산을 허비하더니 ¹⁴다 없이한 후 그 나라에 크게 흉년이 들어 저가 비로소 궁핍한지라 ¹⁵가서 그 나라 백성 중 하나에게 붙여 사니 그가 저를 들로 보내어 돼지를 치게 하였는데 ¹⁶저가 돼지 먹는 쥐엄 열매로 배를 채우고자 하되 주는 자가 없는지라 스스로 돌이켜 가로되 내 아버지에게는 양식이 풍족한 품꾼이 얼마나 많은고 나는 여기서 주려 죽는구나 ¹⁸내가 일어나 아버지께 가서 이르기를 아버지여 내가 하늘과 아버지께 죄를 얻었사오니 ¹⁹지금부터는 아버지의 아들이라 일컬음을 감당치 못하겠나이다 나를 품꾼의 하나로 보소서 하리라 하고 ²⁰이에 일어나서 아버지께로 돌아가니라 아직도 상거가 먼데 아버지가 저를 보고 측은히 여겨 달려가 목을 안고 입을 맞추니 ²¹아들이 가로되 아버지여 내가 하늘과 아버지께 죄를 얻었사오니 지금부터는 아버지의 아들이라 일컬음을 감당치 못하겠나이다 하나 ²²아버지는 종들에게 이르되 제일 좋은 옷을 내어다가 입히고 손에 가락지를 끼우고 발에 신을 신기라 ²³그리고 살진 송아지를 끌어다가 잡으라 우리가 먹고 즐기자 ²⁴이 내 아들은 죽었다가 다시 살아났으며 내가 잃었다가 다시 얻었노라 하니 저희가 즐거워하더라 ²⁵맏아들은 밭에 있다가 돌아와 집에 가까웠을 때에 풍류와 춤추는 소리를 듣고 ²⁶한 종을 불러 이 무슨 일인가 물은대 ²⁷대답하되 당신의 동생이 돌아왔으매 당신의 아버지가 그의 건강한 몸을 다시 맞아들이게 됨을 인하여 살진 송아지를 잡았나이다 하니 ²⁸저가 노하여 들어가기를 즐겨 아니하거늘 아버지가 나와서 권한대 ²⁹아버지께 대답하여 가로되 내가 여러 해 아버지를 섬겨 명을 어김이 없거늘 내게는 염소 새끼라도 주어 나와 내 벗으로 즐기게 하신 일이 없더니 ³⁰아버지의 살림을 창기와 함께 먹어버린 이 아들이 돌아오매 이를 위하여 살진 송아지를 잡으셨나이다 ³¹아버지가 이르되 얘 너는 항상 나와 함께 있으니 내 것이 다 네 것이로되 ³²이 네 동생은 죽었다가 살았으며 내가 잃었다가 얻었기로 우리가 즐거워하고 기뻐하는 것이 마땅하다 하니라

(누가복음 15:11-32)

좋은 아버지가 됩시다

누가복음 15:11-32

우리의 자녀들이 힘들고 어렵고 인생의 중요한 결정을 할 때에
아버지만 생각하면 새 힘과 용기가 솟아나는
좋은 아버지, 하나님 앞에 엎드려 기도하는 아버지,
하나님과 동행하는 삶을 살아가는 아버지가 됩시다.

96년 10월 19일 국내 기독교계에서 「좋은 남자 만들기 운동본부」가 결성되었습니다. 이 운동본부는 남성의 본분과 책임을 일깨워 가정과 사회를 변화시키자는 뜻에서 결성된 것으로, 이 후 「성결 운동」, 「사랑 운동」 등을 통해 부권(父權) 회복에 힘쓰게 됩니다. 최근 미국에서는 기독교단체와 민간단체들이 '잃어버린 아버지를 되찾자'는 운동을 벌이고 있습니다. 가정의 가치를 소중히 여기며, 4남매를 훌륭히 양육한 엘 고어 부통령도 이 모임의 인물입니다. '좋은 아버지'는 하나님 아버지를 믿는데서부터 출발합니다. 이 시대는 좋은 아버지가 필요한 시대입니다.

오늘의 본문에서는 좋은 아버지의 모습을 볼 수 있습니다. 물론 본문에 나타난 아버지는 하나님의 모델로 하나님 아버지의 속성을 보여줍니다. 하나님을 떠난 인간이 하나님께로 돌아갈 때 하나님 아버지가 대환영을 하시는 모습을 보여줍니다. 이 시대는 좋은 아버지를 필요로 합니다. 우리 교회도 좋은 아버지로 가득하기를 바랍니다. 좋은 아버지는 어떤 아버지입니까? 오늘의 본문 말씀에서 찾아봅시다.

1. 자녀를 믿어 주는 아버지입니다.

"그 둘째가 아비에게 말하되 아버지여 재산 중에서 내게 돌아올 분깃을 내게 주소서 하는지라 아비가 그 살림을 각각 나눠주었더니 그 후 며칠이 못되어 둘째 아들이 재산을 다 모아 가지고 먼 나라에 가 거기서 허랑 방탕하여 그 재산을 허비하더니" (누가복음 15:12-13). 아버지가 왜 아들에게 재산을 내주었습니까? 아들이 허랑 방탕하게 다 허비할 것을 알면서도 왜 아버지는 재산을 주었습니까? 그것은 재물보다 자식과의 관계를 더 중히 여겼기 때문입니다. 둘째 아들은 아버지에게 '내게 주소서'라고 말했습니다. 이 말은 공손한 말이 아니라 반역적이고 명령적인 어투입니다. 아들이 '재물을 다 모아 가지고' 갔다고 한 것은 다시는 아버지에게 돌아 올 마음이 없었다는 뜻이 있습니다. 이는 죄인이 하나님으로부터 완전히 떠나 자기 마음대로 살기를 원하는 악한 근성을 비유하기도 합니다. 아들은 허랑 방탕하여 재산을 허비했습니다. 아버지는 이것을 알고도 아들이 돌아올 줄 믿었습니다. 우리도 자녀들을 믿어야 합니다.

이북에서 피난 와서 알뜰하게 재산을 모아 빌딩의 여주인이 된 어느 권사에게 외아들이 있었습니다. 그 분의 아들이 성장하면서 사업을 한다고 어머니에게 돈을 달라고 했습니다. 어머니는 몇 번이나 안 된다고 했지만 빌딩이 있는 것을 알고 있었기 때문에 막무가내였습니다. 그래서 어머니가 할 수 없이 내주었습니다. 그런데 사업이 잘못 되어서 빌딩이 날아가 버렸습니다. 한 사람이 그 어머니에게 "자식이 사업하다가 망할 것을 몰랐느냐?"고 물었을 때 "알았다."고 대답했습니다. "그런데 왜 주었냐?"고 했을 때 "줘야 합니다. 안 주면 원수밖에 더 되겠냐?"고 말했습니다. 아들이 빌딩을 날릴 것을 알면서도 내어 준 것은 그래야만 아들을 아들로 얻을 수 있기 때문이었습니다. 아들은 실패한 뒤에야 비로소 "아, 어머니가 나 때문에 망해서 고생하는구나!" 하고 어머니를 어머니로 알기 때문이었습니다.

사랑하는 성도 여러분, 여기에서 중요한 것은 관계가 더 중요하다는 것을 말합니다. 우리 하나님은 관계를 더 소중히 여기십니다. 돈은 아무것도 아닙니다. 돈이 없어도 인간관계만 잘되면 얼마든지 잘 살 수도 있고, 돈이 아무리 많아도 만복의 근원이신 아버지와의 관계가 잘 되지 않으면 결코 잘 산다고 할 수 없을 것입니다. 우리는 하나님 아버지와 좋은 관계를 가지는 것이 첫째입니다. 따라서 아버지는 자녀들과 좋은 관계를 가져야 합니다. 대 사업가의 아들이 탄 경비행기가 사막을 지나다가 폭풍으로 추락했습니다. 아버지는 수색대를 조직해 며칠 동안 사막을 샅샅이 찾아보았습니다. 그러나 불행하게도 추락 지점이 어디인지, 또 아들이 생존해 있는지도 알 길이 없었습니다. 며칠 뒤 추락 지점을 발견했지만 비행기의 잔해와 비행사의 시체만 있을 뿐, 아들의 시체는 보이지 않았습니다. 아버지는 일단 아들이 살았을 것으로 생각하고 아들을 구출할 작전을 구상하며 기도했습니다. "하나님, 내 아들이 살았는지 살았다면 어디에 있는지 저로서는 알 수가 없습니다. 저와 제 아들을 도와주시옵소서." 기도가 끝난 후 아버지는 수백만 장의 전단을 사막에 뿌리기로 했습니다. "그런데 정작 전단지에 무엇이라 쓸 것인가…, 사막에서 생존할 수 있는 방법을 쓸 것인가…, 무엇을 먹으며 어떻게 사나운 짐승을 피할 것인지를 써야 할 것인가…." 아버지는 난감했습니다. 고심을 하던 아버지는 결국 "My Son, John, I Love You."라고만 써서 뿌렸습니다. 그리고 마침내 굶주림과 목마름으로 기진맥진해서 좌절감으로 죽어가던 이 아들이 전단지를 읽어보게 되었습니다. 아들은 "아빠는 나를 사랑한다. 그렇다면 아빠는 반드시 나를 찾아올 것이다. 용기를 가지고 버티자." 생각하고 용기를 얻었습니다. 후에 아들은 수색대에 의해 구출되었습니다.

2. 자녀를 불쌍히 여기는 아버지입니다.

아버지는 허랑 방탕한 생활로 거지가 되어 돌아오는 아들을 불쌍히 여겼습니다. "이에 일어나서 아버지께 돌아가니라 아직도 상거가 먼 데 아버지가 저를 보고 측은히 여겨 달려가 목을 안고 입을 맞추니"(누가복음 15:20). ①상거가 먼데 저를 보았다는 말은, 이토록 불의한 자식을 고대했다는 말입니다.

②측은히 여겼다고 한 것은, 아들을 이해함으로 죄악은 보지 않고 몰라서 범죄한 결과 상처난 가련한 모습을 본 것이니 이것이 사랑입니다. ③달려가 목을 안고 입을 맞추었다고 한 것은, 아들을 참으로 마음 중심으로부터 사랑했다는 말이며, 아들을 기다렸던 마음이 터져 나와 끌어안고 입을 맞춘 것을 말합니다. 아버지는 자녀들을 불쌍히 여겨야 합니다.

공부 때문에 자유로운 시간이 없습니다. 시를 읊고 글을 쓴다거나, 명작을 읽거나 마음껏 취미 생활을 할 수 있는 형편이 못됩니다. 요즈음의 자녀들은 오직 공부만 강요당할 뿐입니다. 얼마나 안타까운 일입니까? 이런 환경 속에서 무슨 노벨 문학상이 쉽게 나올 수 있겠습니까? 그런가하면 세속 문화의 유혹 속에 살아가고 있습니다. 오늘날 같은 성 개방시대에는 저들에게도 성적고민이 있습니다. 예수를 믿는 10대는 신앙과 현실 사이에서 갈등하며 힘들어합니다. 이러한 저들의 형편을 저들의 눈높이에서 보고 이해하며 긍휼히 여겨야 합니다.

루이지애나주에 있는 폰차트렌 호수에서 기선 한 척이 파선된 일이 있습니다. 아수라장이 된 그 속에는 6명의 자녀들과 함께 승선한 한 아버지가 있었습니다. 아버지는 수영을 매우 잘했습니다. 그 아버지는 용감하고 결단력이 있는 사람으로, 이제는 성공을 하든지 못하든지 자녀들을 한 명씩 데리고 헤엄쳐 육지로 구해 내는 수밖에 없다고 마음먹었습니다. 그 아버지는 자녀들에게 아버지가 육지에 갔다가 반드시 돌아올 것이니 겁내지 말고 기다리라고 당부했습니다. 자녀들을 한 명씩 육지로 데려다 놓는 아버지의 노력은 필사적이었습니다. 이제는 꼭 한 명만이 가라 앉는 배에 남아 있게 되었습니다. 그러나 이 성실한 아버지는 다섯 번째 자녀를 데려다 놓은 후 거의 쓰러질듯 기진맥진해 있었습니다. 사람들은 그가 다시 바다로 뛰어드는 것을 만류했습니다. 그러나 아버지는, "우리 막내 아들 지미가 아직 배에 있습니다. 나는 내 아들 지미에게 꼭 아빠가 다시 돌아오겠다고 약속을 했습니다." 하며 바다에 뛰어 들었습니다. 간신히 배에까지 헤엄쳐 간 그 아버지는 지미에게 바다로 뛰어 내리라고 말했습니다. 이제 기운이 다한 아버지는 뛰어 내리는 아들을 가슴에 꼭 껴안은 채로 함께 물 속으로 들어갔습니다. 그리고는 다시 떠오르지 않았습니다.

사랑하는 성도 여러분, 하나님이 우리를 위해 희생하신 사랑은 이보다 더욱 크신 사랑임을 결코 잊지 말아야 합니다. 성경은 말씀합니다. "사랑은 여기 있으니 우리가 하나님을 사랑한 것이 아니요 오직 하나님이 우리를 사랑하사 우리 죄를 위하여 화목제로 그 아들을 보내셨음이니라"(요한일서 4:10).

최근에 좋은 아버지가 되기 위한 선언문이 발표되었습니다. "아동기 자녀에게는 손을 잡고 무동을 태워주며, 귀찮을 정도로 많은 사소한 질문에도 웃어주면서 설명해 주어야 한다. 청소년 자녀에게는 최근에 유행하는 노래를 같이 부르고, 또 어머니가 모르게 용돈을 주며, 목욕탕에서 대화도 하고, 숙제도 같이 할 수 있는 아버지가 되어야 한다. 청년 자녀에게는 당당하게 서로의 의견을 나누고, 기쁨과 울분을 함께 하면서 자신과 나라의 미래를 예견하며 대화하는 아버지가 되어야 한다. 장년 자녀에게는 자신이 살아온 인생의 경험을 함께 회상하며, 작은 일이라도 뜻을 합해 정의실현을 위해서 노력하는 아버지가 되어야 한다. 노년 시대에는 아리랑을 함께 부르며, 춤추며 노래하고, 남을 위해 봉사하며, 삶의 지혜를 함께 나누는 아버지가 되어야 한다."

우리 하나님 아버지도 우리 죄인을 불쌍히 여기시어 모든 죄를 용서하시고 구원을 베풀어주십니다. 우리 아버지들도 자녀를 불쌍히 여기는 마음을 가져야 합니다.

3. 마음이 넓고 너그러운 아버지입니다.

아버지는 마음이 넓고 너그러워야 합니다. 사랑에는 너그러움이라는 특징이 있습니다. 그래야 자녀들의 마음이 편안할 것입니다. 신약성경에서 특별히 강조된 부모에 대한 교훈은 자녀를 분노케 하지 말라는 것입니다.

아버지는 너무 엄해서는 안됩니다. 고교 시절부터 큰 인물이 될 것으로 기대했던 어떤 사람이 성공하지 못하고, 늘 이곳 저곳을 전전하며 제대로 어느 한 곳에 뿌리내리지도 못하고 있었습니다. 이 사람이 불행하게 된 원인은 아버지였습니다. 그는 말하기를 "아버지란 말만 들어도 가슴이 뛰고 답답하고 힘들다…늘 고통을 느낀다."고 했습니다. 어릴 시절에 성적이 나쁘다는 이유로 다른 가족들이 모두 식사하는 시간에 이 아들은 요강을 들고 식사를 다 마칠 때까지 벌을 섰습니다. 이런 일은 성적표가 나올 때마다 반복되었습니다. 이 아들은 어린 마음에 큰 상처가 되었고, 이렇게 성장하는 가운데 말할 수 없는 부담과 고통으로 늘 억눌렸다는 것입니다. 그는 스스로 빛을 보지 못한 자신의 인생의 많은 부분이 아버지로 인해 온 것이라 여겼습니다. 성경은 분명히 말씀합니다. "아비들아 너희 자녀를 노엽게 하지말고"(에베소서 6:4).

24세 대학생이 잠자는 부모를 망치로 때려 살해한 후 토막을 내어 쓰레기 봉투에 담아 내다버린 사건이 있었습니다. 이에 대해 서울의과대의 정신과 교수가 신문에 싣기를 '분노의 폭발'이라고 했습니다. 최소한의 사랑과 배려를 받지 못하고 엄격한 부모에 의해 분노가 쌓여가다가 드디어 폭발한 것이라고 했습니다.

　몇 년 전 경제학 박사인 모 교수는 미국에서 7년 만에 박사학위를 취득해서 명문대 교수가 되었습니다. 그런데 이 교수가 80세의 아버지를 살해한 후 강도가 들어온 것처럼 조작했는데, 결국 사건의 전말이 다 드러났습니다. 그가 붙잡힌 후 이렇게 말했다고 합니다. "40년을 참았는데 20년만 더 참을 걸." 검사가 이 말의 진의를 물어 그 아들로부터 그동안 살아온 과정을 듣게 되자 오히려 이 패륜아 아들을 살리고 싶어했다고 합니다. 이 사람은 살인자이지만 그 아들 역시 일평생을 짐을 지고 살아온 피해자라고 했습니다. 사연은 그의 아버지가 늘 어머니를 구타했다고 합니다. 그런가 하면 돈이 많았으므로 늘 처녀들과 교제하며 아이를 '낳아 오니' 어릴 때부터 얼마나 큰 상처가 되었겠습니까? 그래서 어릴 때부터 아버지를 몽둥이로 실컷 패는 꿈을 꾸었고, 다시는 어머니를 때리지 않겠다는 약속을 받고서야 풀어줬다고 합니다. 이 아들의 쌓이고 쌓인 마음이 마침내 폭발한 것입니다. 이 사람이 미국에 있을 때에는 한인교회의 집사였습니다. 그런데 귀국 후 그의 아버지는 "네가 교회에 나가면 내 자식이 아니다." 하며 완강했다고 합니다.

아버지는 자녀들에게 너그럽고 넓은 마음을 가져야 너그러워야 합니다. 우리는 하나님 아버지의 큰사랑을 본받아야 합니다. 하나님의 사랑에 듬뿍 취해 살아야 자녀들에게 사랑을 줄 수 있습니다. 우리 모두 좋은 아버지, 좋은 부모가 됩시다. 우리의 가정들이 신앙으로 튼튼해지면 교회도 튼튼해집니다. 그러려면 좋으신 하나님을 만나야 됩니다. 하나님의 사랑을 제대로 이해하고, 그 안에 살면 자연스럽게 하나님을 닮아가게 됩니다. 오늘 말씀을 통해서 가정과 부모와 자녀, 그리고 부부관계에서 새로운 축복이 넘치시기를 바랍니다.

세계에서 가장 큰 감리교회는 미국 휴스톤에 있는 퍼스트(First) 감리교회입니다. 그 교회의 목사님은 찰스 알렌(Charles Allen)이라는 분입니다. 일주일에 한 번은 아버지의 묘소를 찾아 명상을 한다고 합니다. 그 목사님의 아버지도 목사님이셨는데, 아주 청렴결백하고 목회를 잘 하셨던 분으로 아버지를 생각하면 새 힘이 나고 용기가 치솟는다고 합니다.

아버지 여러분, 우리 모두 좋은 아버지가 됩시다. 우리의 자녀들이 힘들고 어렵고 인생의 중요한 결정을 할 때에 아버지만 생각하면 새 힘과 용기가 솟아나는 좋은 아버지, 하나님 앞에 엎드려 기도하는 아버지, 하나님과 동행하는 삶을 살아가는 아버지가 됩시다. 그러기 위해 오늘부터 새롭게 다짐합시다. 우리 모두 하나님께 기도하며 엎드리는 삶을 살아 우리 교회와 가정마다 좋은 아버지로 넘치시기를 기원합니다. 아멘.

예수님의 영적 가족을 만듭시다

³¹때에 예수의 모친과 동생들이 와서 밖에 서서 사람을 보내어 예수를 부르니 ³²무리가 예수를 둘러앉았다가 어찌오되 보소서 당신의 모친과 동생들과 누이들이 밖에서 찾나이다 ³³대답하시되 누가 내 모친이며 동생들이냐 하시고 ³⁴둘러앉은 자들을 둘러보시며 가라사대 내 모친과 내 동생들을 보라 35누구든지 하나님의 뜻대로 하는 자는 내 형제요 자매요 모친이니라

(마가복음 3:31-35)

예수님의 영적 가족을 만듭시다

마가복음 3:31-35

종교개혁자 마틴 루터는 이렇게 말했습니다.
"우리가 천국에 가면 입구에 간판이 하나 있을 텐데
거기에는 틀림없이 이렇게 쓰여있을 것이다. '오직 거듭난 자'".

「한국교육개발원」이 발표한 조사보고서에 의하면, 중·고생 1만 명에게 "세상에서 제일 귀한 것이 무엇이라 생각하느냐?"라는 질문에 79.3%의 학생들이 '돈'이라고 대답했습니다. 이것은 우리 사회에 황금만능주의 사상과 배금주의 사상이 만연되어 있음을 보여줍니다. 결국 이런 사상의 만연은 생명을 경시하며, 사치와 향락 문화를 불러 왔습니다. 명문대 학생이 자기 부모를 토막 살인하여 그 시체를 쓰레기 봉투에 담아 내버린 사건이 발생하는가 하면, 부모를 구타하며 형제끼리 싸우다가 살인까지 하는 사태가 발생했습니다.

오늘 성경 본문에서는 참 가족에 대해 말씀합니다. 참 가족은 영적인 가족입니다. 예수님의 가족이 예수님을 찾아온 것을 계기로 예수님은 우리에게 가족에 대한 교훈을 가르쳐 주셨습니다. 참 가족은 예수님을 모신 가정입니다. 바로 예수님의 영적 가족이 되는 것입니다.

오늘 성경 말씀에 보면 예수님의 가족이 예수님이 계신 곳으로 찾아왔습니다. 그러나 그들은 예수님이 계신 곳으로 들어가지 못했습니다. 예수님이 계신 집은 입추(立錐)의 여지가 없이 사람들로 가득 메워져 있었습니다. 무리들은 제자들과 더불어 예수님을 중심으로 빽빽하게 둘러앉아 있었습니다. 예수님이 말씀하시는 장면을 지켜보던 한 사람이 바깥 사정을 전해 듣고 무리를 헤집고 들어와 예수님에게 가족들이 찾아온 것을 전했습니다. 이때 예수님은 "누가 내 모친이며 동생들이냐 하시고 둘러앉은 자들을 둘러보시며 가라사대 내 모친과 내 동생들을 보라 누구든지 하나님의 뜻대로 하는 자는 내 형제요 자매요 모친이니라"(마가복음 3:33-35)고 말씀하셨습니다. 예수님이 말씀하시는 가족은 영적인 가족을 말합니다. 우리는 예수님의 영적 가족이 되어야 합니다. 그러면 예수님의 영적인 가족은 어떤 가족을 말합니까?

1. 온전히 예수님을 구주로 믿는 가정입니다.

오늘 본문에 예수님의 가족들이 찾아왔습니다. "때에 예수의 모친과 동생들이 와서 밖에 서서 사람을 보내어 예수를 부르니 무리가 예수를 둘러앉았다가 여짜오되 보소서 당신의 모친과 동생들과 누이들이 밖에서 찾나이다"(마가복음 3:31-32). 왜 예수님을 찾으러 왔습니까? 예수님의 사역을 돕고 격려하기 위해서가 아니라 오히려 가로막기 위해서 찾아왔습니다. 예수님이 공생애 이전 30세까지는 가업을 이어 가정의 장남으로서의 사명을 다해 왔습니다. 그러던 어느 날 갑자기 하나님의 나라 선포와 복음증거와 구속사역을 위해 공생애에 들어가게 되자, 가족들의 정서로서는 이러한 갑작스런 변화를 이해하고 수용하기에 벅찼을 것입니다. 게다가 예수님의 비판 세력들은 예수가 귀신의 왕을 힘입어 귀신을 쫓아낸다고 소문을 퍼뜨렸습니다. 예수님은 바로 이런 때에도 여전히 말씀 증거와 병 고치는 일로 인해 많은 사람들로 둘러싸여 있었습니다. 그때 예수님의 모친과 형제들이 와서 사람을 통해 면회를 요청했습니다. 가족들이 찾아온 것은 예수님의 이런 갑작스런 행동을 난처하게 여겨서 어떻게든 설득해서 집으로 모셔가려는 의도였습니다. 그러나 예수님의 입장으로서는 하나님의 구속사역을 위해 일하는데 있어 다른 사람들도 아닌 어머니와 형제들의 이해 부족이 정말 난감한 일이었을 것입니다. 예수님의 메시야로서의 사역을 중단할 수도 없거니와, 그렇다고 해서 어머니와 형제들을 소홀히 대접할 수도 없었습니다. 예수님은 이때 하나님의 지혜로 영원한 진리를 가르치실 기회로 삼으셨습니다.

"예수의 친족들이 듣고 붙들러 나오니 이는 그가 미쳤다 함일러라"(마가복음 3:21). 바리새인들은 예수님이 귀신을 내어쫓으셨을 때 예수님을 미쳤다고 했습니다. 귀신이 들려 귀신을 쫓아낸다고 말했습니다. 그런데 가족들은 바리새인들의 이 말을 믿고 지금 예수님을 모셔가려고 찾아 왔습니다. 예수님의 가족들도 예수님이 미쳤다고 생각했던 것입니다. 예수님의 가족들은 그때만 해도 전혀 예수님을 믿지 않은 육신의 가족일 뿐이었습니다. 물론 예수님도 육신의 가족을 무시하지는 않으셨습니다. 예수님은 그 누구보다도 어머니를 극진히 사랑하셨습니다. 심지어 십자가에서 죽으시면서도 그 어머니 마리아의 안부를 걱정하셨습니다. 예수님은 이렇게 어머니에게 효성을 다하셨습니다. 그러나 오늘 본문에서는 어머니와 형제들을 보시고 "누가 내 모친이며 동생들이냐 하시고… 내 모친과 동생들을 보라 누구든지 하나님의 뜻대로 하는 자는 내 형제요 자매요 모친이니라"(마가복음 3:33-35)고 하셨습니다. 이것은 하나님의 공동체, 하나님의 가족, 즉 영적인 가족을 말씀하시는 것입니다. 예수님의 영적 가족은 새롭게 태어난 삶입니다. 이것을 거듭남이라고 합니다. 예수 그리스도를 구주로 믿고 거듭난 가정이 바로 예수님의 영적인 가정입니다. 요한복음 3장에서 예수님은 그 당시 사회의 정치 지도자인 동시에 종교 지도자인 니고데모에게 주님의 가족이 되기 위해서는 거듭남이 있어야함을 말씀하셨습니다. "진실로 진실로 네게 이르노니 사람이 거듭나지 아니하면 하나님 나라에 들어갈 수 없느니라"(요한복음 3:3). 그 가족은 영적으로 모인 공동체였습니다.

혈연만으로 만들어진 가족은 무너질 수 있습니다. 오늘날 형제나 가족들끼리도 서로 불신하며 싸우고, 심지어 살인사건까지 발생하지 않습니까? 예수님도 말씀하셨습니다. "사람의 원수가 자기 집안 식구리라"(마태복음 10:36). 원수가 인간의 가족에서 나옵니다. 예수님의 형제들도 예수님을 믿지 않았습니다. 이것이 바로 혈연관계입니다. 가족이란 가까우면서도 원수가 됩니다. 이 세상에 형제끼리 서로 싸우고 미워하면서 원수처럼 살아가는 사람들이 얼마나 많습니까? 혹시 여러분들 중에 어떤 이유에서든지 형제끼리 서로 말도 하지 않고 등을 지고 살아가는 분이 있습니까? 심지어 어떤 때에는 "이 사람이 정말 내 형제인가? 과연 한 어머니의 뱃속에서 나왔나?" 싶을 정도로 원수 된 사람들이 있습니까? 이것이 인간의 혈연관계입니다. 그러므로 우리는 하나님의 공동체, 즉 영적인 공동체를 만들어야 합니다. 하나님이 원하시는 공동체는 생명이 있고, 평화가 있고, 풍성함이 있고, 열매가 있는 공동체입니다. 하나님이 원하시는 공동체는 원수가 되고, 마음이 상하고, 싸움이 일어나는 공동체가 아닙니다. 하나님은 풍성함이 넘치고 생수가 샘솟는 공동체를 원하십니다. 그러면 영적인 공동체, 하나님의 공동체는 어떤 모습입니까? 그것은 바로 중생한 생명들의 공동체입니다.

이 시대의 가장 큰 위기는 가정의 붕괴입니다. 세 가정 중 한 가정이 이혼을 합니다. 가출 문제도 심각합니다. 모든 사람들이 자신의 기쁨, 자신의 만족, 자신의 행복을 채워줄 사람을 찾고 있습니다. 그러나 이런 목마름을 채워줄 수 있는 분은 오직 주 예수님 외에는 없습니다. 온 가족이 다 예수 그리스도를 믿으면 가정에 어두움이 물러갑니다. 저주와 멸망의 가정에서 임마누엘의 가정으로 구원받게 됩니다. 기독교는 능력의 종교입니다. 우리의 수양과 도덕이나 인간의 희생과 헌신, 그밖에 그 어떤 방법으로 우리의 문제를 해결하는 것이 아닙니다. 하나님의 능력으로 해결하는 것입니다. 주님은 이 모든 일에 능력으로 역사하십니다. 주의 사랑도, 주의 은혜도 무한한 능력으로 역사하십니다. 우리의 마음에 있는 근심과 걱정도 우리의 노력으로 해결되는 것이 아닙니다. 자신의 힘으로 해결할 수 없는 마음의 괴로움과 외로움, 속상함과 답답함, 미움과 좌절은 주님의 능력을 믿을 때에 치유될 수 있습니다. 악의 세력도 능력이요, 가정을 파괴하는 것도 능력입니다. 오직 주의 보혈의 능력만이 저주와 멸망의 능력을 이기고 우리를 건져주실 수 있습니다.

요즈음 우리나라에서는 구제역 때문에 많은 피해를 보고 있습니다. 구제역은 유럽과 일본에서 먼저 발생한 가축에게서 옮기는 전염병입니다. 지난해만 해도 양 320만 마리, 소 60만 마리, 돼지 15만 마리를 도축시킨 무서운 병입니다. 우리나라도 지금 강원도와 충청도 일부 지역에서 구제역이 발생했습니다. 일단 전염병이 발생하면 방역을 철저하게 해야 합니다. 먼저 교통을 완전히 단절시킨 다음 사람의 출입도 통제해야 합니다. 근처에 있는 가축들을 다 도축하고, 집과 자동차 등 모든 것을 소독해야 합니다.

그러나 죄는 이러한 전염병보다 더 무섭습니다. 온갖 범죄가 발생하고 가정이 붕괴되는 배후에는 악의 세력이 있습니다. 그런데 이 세력은 누구도 막을 수 없습니다. 결국 모든 저주와 불행으로 온 인류를 망하게 하는 죄라는 전염병은 오직 주 예수 그리스도만이 막아낼 수 있습니다.

유명한 전도자 조지 휫필드는 미국과 영국에서 웨슬레와 함께 쌍벽을 이루었던 사람입니다. 그런데 이 목사님이 가장 좋아했던 설교는 "당신은 거듭나야 한다. 사람은 거듭나야 한다." 입니다. 많은 사람들이 이 설교에 은혜를 받았습니다. 그런데 이 설교를 들은 한 청년이 은혜를 받고, 목사님과 함께 다니고 싶다고 청을 해서 자원봉사자가 되었습니다. 이 청년은 목사님의 가방을 들고 비서처럼 따라다닙니다. 처음에는 너무나 흥분하며 좋아했습니다. 그런데 늘 같이 다니다보니 이 청년은 매번 같은 설교를 들어야 했고, 드디어 지루해지기 시작했습니다. 이 청년의 인내가 한계에 달했습니다. 어느 날 목사님이 설교를 하고 내려올 때에 이렇게 말했습니다. "목사님, 도대체 목사님은 설교의 레파토리가 그렇게 없습니까? '거듭나야 한다.' 이 설교를 70번이나 더 들었습니다." 그랬더니 목사님은 이 청년의 손을 꽉 붙들더니 "왠 줄 아는가?" "왜요?" 그러자 "네가 거듭나야 하기 때문이다."

성도 여러분, 천국에는 예수님의 영적인 가족이 들어 갈 수 있습니다. 그러기 위해서는 거듭나야 합니다. 하나님의 공동체에는 거듭난 자만이 들어갈 수 있습니다.

성도 여러분, 우리의 가족은 예수님의 영적인 가족입니까? 우리의 가족 모두가 다 영적으로 거듭났습니까? 주 예수님을 나의 구주로 믿고 순종하며 따르고 있습니까? 우리의 가족이 모두 예수님의 영적 가족이 되어야 합니다.

예수를 믿는다고 교회에 출석은 하는데 부부사이에는 항상 갈등과 긴장감이 맴돌고 문제가 발생합니까? 성령의 열매가 없고, 변화도 없고 성장도 없습니까? 우리의 온 집안 식구가 모두 성령으로 거듭나야 합니다. 중생한 생명, 진정 주님을 사랑하고 주님을 영접한 식구들은 죄악을 멀리 하게 됩니다. 예수 안에서 화목을 이룹니다. 우리는 오직 주님만 바라보고 달려가야 합니다. 믿음이 하나되어야 합니다. 예수님을 중심으로 하나가 되어야 합니다.

어느 신문기자가 유명한 구세군 창립자인 윌리암 부드 대장에게 물었습니다. "다가오는 미래에 닥쳐올 가장 큰 위험은 무엇이겠습니까?" 마침 윌리엄 부드는 나이가 많아 임종을 앞두고 있을 때였습니다. 그는 기도하는 마음으로 신중하게 대답했습니다. "이제 세계가 직면하게 될 가장 큰 위험은 중생 없는 용서를 전하는 철학적 기독교입니다. 추상적인 지식만을 전하고 말만 하는 철학적 기독교, 여기에 문제가 있습니다. 둘째는 그리스도가 없는 교회입니다. 교회라고 하지만 그 교회에 가서 그리스도를 만날 수 없다는 것입니다. 또한 하나님이 없는 정치, 지옥이 없는 천국을 말하는 잘못된 교리, 이런 것들이 앞으로 문제가 될 것입니다." 사실 그렇습니다.

할머니 한 분이 나이가 많아서야 예수님을 믿게 된 분이 있습니다. 이 할머니가 예수님을 믿고 중생한 후, 어느 날 손녀의 손목을 잡고서 장거리에 나갔습니다. 그런데 어느 불쌍한 사람이 좀 도와달라고 손을 내밀었습니다. 그에게 얼마를 주고 가다 보니 또 누군가가 도움을 청합니다. 물론 이 할머니는 그에게도 동정을 베풀었습니다. 그리고 구세군의 자선남비에도 얼마를 집어넣고…?. 이렇게 만나는 사람마다 동정을 베풀었습니다. 그러자 손녀가 물었습니다. "할머니, 오늘 참 손해 많이 보시네요?" 할머니는 손녀에게 이렇게 말했습니다. "내가 예수님을 믿은 후에 급한 성격도 버렸고, 다른 사람을 흉보던 버릇도 버렸단다. 세상 쾌락도, 욕심도, 이기심도, 질투도, 남을 비판하는 마음도 다 버렸단다. 이제 내게 남은 것은 오직 예수님뿐이란다." 이런 마음, 즉 중생 된 마음을 가질 때 영적인 가정을 만들어 갈 수 있습니다. 오직 예수님을 믿고 예수님만 따라가는 자는 하나님의 공동체, 즉 예수님의 참된 가족이 될 수 있습니다. 우리가 예수님만 따라 살면 예수님이 우리를 새롭게 해 주십니다. 그분이 우리를 새로운 길로 인도하십니다. 이것을 깨닫고 주님의 뒤를 따라가기 시작하면 그 순간 우리는 예수님의 제자가 되고, 주님의 가족이 됩니다.

종교개혁자 마틴 루터는 이렇게 말했습니다. "우리가 천국에 가면 입구에 간판이 하나 있을 텐데 거기에는 틀림없이 이렇게 쓰여있을 것이다. '오직 거듭난 자'".

성도 여러분, 우리의 모든 가족이 오직 거듭난 자로 예수님의 영적 가족을 이루는 축복을 사모하고 기도합시다.

2. 하나님 아버지의 뜻대로 행하는 가족이어야 합니다.

"누구든지 하나님의 뜻대로 하는 자는 내 형제요 자매요 모친이니라"(마가복음 3:35). 예수님의 영적 가족은 하나님의 뜻대로 하는 사람입니다. 예수님의 가족이 되는 핵심 요소는 바로 하나님의 뜻을 행하는 것입니다. "누구든지 하늘에 계신 내 아버지의 뜻대로 하는 자가 내 형제요 자매요 모친이니라"(마태복음 12:50), "예수께서 대답하여 가라사대 내 모친과 내 동생들은 곧 하나님의 말씀을 듣고 행하는 이 사람들이라 하시니라"(누가복음 8:21). 그러면 '하나님의 뜻대로 하는 자'란 어떤 사람을 말합니까? 하나님의 뜻대로 행하는 자는 누구입니까? 하나님이 보내신 아들을 믿고, 그분의 말씀을 전폭적으로 듣고 받아들이며, 또한 그분의 명령에 온전히 순종하는 사람을 말합니다. 하나님의 가족이 되는 것, 하늘나라의 시민권을 얻는 것은 혈연으로 이루어지는 것이 아닙니다. 물질적으로 성공했다거나, 지식이 뛰어나다고 해서 되는 것도 아닙니다. 오직 하나님의 뜻대로 행하는 자만이 얻을 수 있습니다. 그렇습니다. 하나님의 자녀가 되는 길은 하나님의 뜻대로 행하는 것입니다.

성도 여러분, 우리는 그저 교회에 다니는 사람이 되어서는 안됩니다. 또 내 뜻을 이루기 위해 기도하고, 노력하며 힘쓰며 살아가는 사람이 되어서도 안됩니다. 우리는 하나님의 뜻을 따라 생각하고, 목표를 정하여 행동하고, 자기의 실존을 움직여 나가는 하나님의 자녀들이 되어야 합니다. 이런 사람이 바로 예수님의 영적 가족입니다. 그러면 하나님의 뜻이 무엇인가를 바로 알아야 합니다. 하나님의 뜻과 나의 꿈, 즉 야망은 다릅니다. 많은 성도들이 이 부분에 대해서 혼동하고 있습니다. 그래서 자기의 생각이나 욕심을 하나님의 뜻으로 합리화하면서도 그것을 모르고 있습니다. 그러다 보니 오늘날 성도들이 어떻게 살아가고 있습니까? 그 신앙이 기복주의와 물량주의와 세속주의에 빠지게 되고, 신앙의 본질은 잃고, 자신의 판단과 사고의 틀에 하나님을 끌어들입니다. 하나님 중심이 아니라 자신의 기분에 따라 믿음의 삶을 살아가는 사람들이 많습니다. 그렇기 때문에 오늘날 이 시대에 우리가 신경 써야 할 것은 "내가 하나님의 뜻이라고 생각하는 것이 과연 하나님의 뜻인가?" 입니다. 혹시 내가 하나님의 뜻이라고 생각하는 것이 나의 꿈과 야망이 아닌가 확인해야 합니다. 하나님의 뜻은 말씀대로 사는 것입니다.

성경에는 하나님의 뜻을 이렇게 소개합니다.

① "내 아버지의 뜻은 아들을 보고 믿는 자마다 영생을 얻는 이것이니 마지막날에 내가 다시 살리리라"(요한복음 6:40).

② "하나님의 뜻은 이것이니 너희의 거룩함이라"(데살로니가전서 4:3)

③ "항상 기뻐하라 쉬지 말고 기도하라 범사에 감사하라 이는 그리스도 예수 안에서 너희를 향하신 하나님의 뜻이니라"(데살로니가전서 5:16-18).

그러므로 우리는 하나님의 뜻을 알기 위해 기도해야 합니다.

1890년경, 노예의 후손으로 태어나 1940년 임종 때에는 미국의 백인과 흑인을 총망라하여 존경받은 최초의 흑인이 있었습니다. 그의 이름은 조지 워싱턴 카버로, 이 사람은 미국 최고의 농업학자요, 계몽가요, 크리스천이었습니다. 미국 남부는 목화재배로 유명합니다. 그런데 목화는 땅 속에 있는 질소를 빨아들여 땅을 황폐화시킵니다. 그래서 계속 다른 땅을 개간했습니다. 그때 카버 박사는 질소가 없어진 땅에는 땅콩을 심게되면 땅콩도 잘될 뿐더러 땅이 원상태로 회복된다는 것을 발견했습니다. 그 이후에는 땅콩농사가 무척 잘되었습니다. 그런데 다른 문제가 발생했습니다. 넘치는 땅콩을 처분할 곳이 없어 고민에 빠졌습니다. 그래서 낙심하여 기도할 때에 하나님께서 응답하셨습니다. "너는 너의 작은 소견으로 너무 큰 것을 알려 하지말고, 네게 알맞는 것을 물어 보라."는 음성을 듣고, 땅콩 한줌을 들고 실험실에 들어갔습니다. 그리하여 땅콩 재료로 105가지의 실용품 개발(버터, 구두약, 식용유 크림 등)에 성공했습니다. 모두 300가지를 개발했습니다. 결과 농부들과 많은 사람들에게 유익을 주었습니다.

우리 성도는 하나님의 뜻을 알기 위해 기도해야 합니다. 예수님의 영적 가족은 오직 하나님의 뜻대로 행하는 사람들입니다. 우리 가족이 하나님의 뜻대로 행하며 살아야 합니다. 우리 교회가 하나님의 영적 가족으로 하나님의 뜻에 따라 순종하며 살아야 합니다. "하나님이 원하시는 것이 무엇인가? 모든 가족 구성원들은 하나님께서 우리 가정을 향해서 원하시는 것이 무엇인가?'를 깨달아 순종해야 합니다. 영적 가족인 교회의 성도들도 우리 교회를 향해 주님이 원하시는 일이 무엇인가를 바로 알고 그 뜻에 따라야 합니다.

성도 여러분, 예수 그리스도를 구주로 믿고 예수님을 닮아가는 자는 하나님의 자녀요, 하나님의 자녀는 하나님이 주시는 풍성한 복을 상속받을 수 있는 상속자들입니다. 아브라함이 하나님의 뜻을 좇아갔을 때 그는 믿음의 조상이 되었고, 축복의 대표자가 되었습니다. 모세가 하나님의 말씀을 순종하여 행했을 때 80이 넘은 노인이었음에도 그는 역사에 길이 빛나는 믿음의 용사가 되었으며, 이스라엘 백성들의 가슴속에 나라의 아버지라는 칭호를 듣고 있습니다. 시몬이 하나님의 뜻대로 행했을 때 무명한 자나 유명한 자요, 없는 자나 모든 것을 가진 자가 되었습니다. 하늘 나라의 백성은 하나님의 뜻대로 행하는 자일 때 가능합니다. 천국의 시민권은 하나님의 뜻대로 사는 자에게 주어집니다. 하나님께서 우리에게 요구하시는 것이 무엇이든지 순종하고 복종하는 자만이 주님의 가족이 될 수 있습니다. 우리 성도들은 예수 그리스도의 피를 나눈 형제 자매들입니다. 그러므로 우리는 그리스도 안에서 한 가족입니다. 우리 모두가 하나님의 뜻을 따를 때, 우리는 이미 영적으로 한 가족이 된 것입니다.

사랑하는 성도 여러분, 피를 나눈 가족의 중요성은 아무리 말해도 지나치지 않습니다. 가족은 하나님께서 주신 축복입니다. 가정은 하나님께서 친히 조성하십니다. 그리고 교회 역시 하나님께서 피로 사셨습니다. 그러므로 가정의 원리와 교회의 원리는 동일합니다. 이 세상에 살면서 가정이 복되어야 하듯이 교회도 복되어야 합니다. 육신의 생활도 중요하지만 영적인 가족 생활은 더욱 중요합니다. 교회는 영적인 가정입니다. 우리는 모두가 영적으로 형제자매이자 가족입니다. 때로는 육신의 가족보다 더 끈끈하고 깊은 사랑의 줄로 매어 있습니다. 가족이 아무리 많아도 부모는 한 분입니다. 이 한 분 하나님의 말씀에 순종하고 주의 명령으로 살아갑니다. 모두가 하나님의 말씀을 순종할 때 한 가족이 됩니다. 말씀을 순종하지 않고 자기 멋대로 다니는 자는 가장의 주권을 무시하는 행위로서 가족의 질서를 파괴하는 자입니다. 이처럼 사랑의 부모와 그 질서 아래서의 순종이 가정의 평안을 유지하듯이, 우리의 영적인 가정에도 이와 같은 원리가 적용됩니다. 교회처럼 다양한 계층으로 구성된 공동체는 없습니다. 그러한 교회의 특징 속에서 자칫 편향된 힘의 과시가 드러날 수도 있는 우려 속에서 영적 가족으로서 아름답게 성장하려면 우리가 스스로 지켜야 할 수칙이 있습니다. 교회는 우열이 있는 것이 아니라, 서로 기도하고 세워주며, 섬기고 도와야 합니다. 모든 가족들, 곧 모든 성도들은 하나님의 말씀 앞에 철저히 순종해야 합니다. 순종은 곧 믿음의 거울입니다. 그리고 하나님의 뜻을 이루어 드리기 위해 기도해야 합니다. 온 가족이 함께 기도할 때 하나님의 역사는 강하게 나타날 것입니다. 우리 교회의 성도들이 함께 주의 뜻을 이루기 위해 기도할 때 하나님의 역사는 강하게 나타날 것입니다. 우리의 모든 가정과 우리 교회의 모든 성도들이 하나님의 뜻을 따라 행하는 예수님의 영적 가족이 되는 축복을 소유하시기를 바랍니다.

3. 예수님의 영적 가족은 온 가족이 함께 하나님을 위해 일을 하는 사람들입니다.

하나님의 공동체는 일을 하는 자들이어야 합니다. 하나님의 가족이 되면 할 일이 생깁니다. 제자로서의 길을 걸어가게 됩니다. 하나님과 한 가족으로서 하나님의 꿈을 공유하기 때문에 그들에게는 쉴 틈이 없습니다.

월드컵 축구대회 때에 온 가족이 함께 일하는 집안이 있어 화제가 되고 있습니다. 바로 차범근 씨의 가족입니다. 우리나라를 대표하는 축구 선수였던 차범근 씨는 장남은 국가대표 축구 선수로, 둘째는 월드컵 축구 대회에서 공을 주워 주며 경기를 돕는 학생으로, 딸은 영국에서 월드컵 축구 번역으로, 차범근 씨는 축구경기를 해설하는 해설자로 일했습니다. 온 가족이 하나의 목표, 즉 월드컵을 향해서 일 하는 축구 가족입니다. 우리도 예수님의 영적 가족으로서 온 가족이 함께 하나님의 일을 해야 합니다.

위대한 전도자 빌리 그래함의 가정의 목표는 세계 복음화에 목표가 있었습니다. 남편은 세계 복음화를 위해서 세계를 돌며, 아내 루스 그래함은 남편을 위해서 집에서 부지런히 중보 기도를 하며, 그의 아들은 아버지의 뒤를 이어서 전 세계의 젊은이들에게 복음을 전하기 위해 전도자로 일을 했습니다. 예수님의 영적 가족의 목표는 오직 예수님이어야 합니다. 온 가족의 목표는 하나님을 위한 일을 하는데 초점을 맞추어야 합니다. 예수님의 영적 가족은 복음을 전파해야 합니다. 하나님을 모르는 형제들과 이웃들을 주님 앞으로 인도하기 위해 온가족이 함께 힘써야 합니다. 서로 사랑해야 합니다. 서로 위해 기도하고 격려함으로 한 사람도 낙오자가 발생하지 않도록 해야 합니다. 그리고 봉사해야 합니다. 그리고 온 가족이 함께 교회를 섬겨야 합니다. 남편과 아내가 함께 교회를 섬기는 가정, 부모와 자녀들 온 식구가 함께 교회를 위해 봉사하며 그 속에서 은혜와 기쁨을 얻는 가정은 얼마나 아름답고 건강한 가정이겠습니까? 온 식구가 다 같이 참여해야 건강한 영적 가정을 이룰 수 있습니다.

대학입시 수능시험을 치른 수험생을 둔 두 가정에서 있었던 이야기입니다. 이번 시험이 많이 어려웠다더니 두 가정의 자녀들이 모두 아주 낮은 점수를 받았던 모양입니다. 그런데 한 가정은 가정불화가 심해 수험생이었던 딸이 가출을 한 상태입니다. 사연은 시험을 마치고 시무룩해져서 집에 들어온 딸을 두고 부부싸움이 났습니다. 남편은 딸의 실패는 전적으로 아내의 책임이라고 따졌습니다. 아내 역시 왜 자신에게 모든 걸 뒤집어씌우느냐며 소리를 높였습니다. 안방에서 눈물을 흘리고 있던 딸은 "내가 나가면 될 것 아니냐?"며 소리쳤고, 화가 난 아버지는 "당장 없어져라."고 나무랐습니다. 딸은 그 길로 집을 나갔으며, 부모들은 이틀 뒤부터 딸을 찾느라 더 큰 걱정을 합니다. 그러나 다른 한 가정은 똑같이 낮은 점수를 받았으나 전혀 다른 상황입니다. 이 가정의 아버지는 크게 낙심해 돌아온 아들에게 "모든 게 이 아빠의 무관심 때문"이라며 아들을 격려하자, 어머니는 "왜 당신 때문이에요. 집에서 아들을 잘못 보살핀 내 탓이지요." 하고 말했습니다. 그러자 아들은 부모님 앞에 무릎을 꿇고 "무능한 아들을 한번만 용서해 달라."고 눈물로 호소했습니다. 어려울 때일수록 처신의 방법에 따라 큰 차이가 있습니다.

하나님의 교회는 가장 취직할 수 있는 기회기 많은 기관입니다. 왜냐하면 누구나 봉사할 수 있기 때문입니다. 그리고 여러분이 교회를 위해서 봉사를 하면 놀라운 심령의 치료가 이루어집니다. 우리의 봉사는 다른 사람에게 유익을 줄 뿐만 아니라 그 심령을 구원합니다. 여러분, 교회의 구성원을 자세히 보십시오. 큰 부자나, 공부를 많이 한 사람이나, 청년·학생을 무론하고 그 누구든지 교회에서는 사회적 지위의 차별 없이 봉사할 수 있습니다. 예수님의 가족의 목표는 그리스도이어야 합니다. 교회에서 직분을 맡고 일하는 것은 중요합니다. 그러나 하나님 앞에 섰을 때 우리의 직분은 의미가 없음도 알아야 합니다. 다만 하나님은 우리의 모습에서 얼마나 그리스도를 닮았는가를 찾으실 것입니다.

우리는 예수님의 영적 가정을 만들기 위해 항상 기억하고 노력합시다. 첫째는, 입을 열어야 합니다(open mouth). 즉 대화하자는 말입니다. 부부간이나 부모와 자녀간에 대화가 없으면 서로 마음을 닫는 결과가 온다는 것입니다. 연애하던 시절처럼 말을 많이 할수록 행복의 수치는 올라간다고 지적했습니다. 둘째는, 귀를 열어야 합니다(open ear). 들어주라는 말입니다. 상대방을 기쁘게 해주려면 말을 진지하게 들어주어야 한다고 설명했습니다. 귀를 닫아버리면 상대의 인격을 무시하는 결과가 온다는 말입니다. 셋째는, 함께 계획을 세워야 합니다(make schedule). 같이 의논하고 참여하자는 말입니다. 작은 일이라도 함께 하면 행복이 깃듭니다.

성도 여러분, 우리는 예수님의 영적 가정을 만들어야 합니다. 혈연 중심의 인간적 개념의 가족도 중요합니다. 예수님도 그러한 가족 관계의 신성함과 질서를 소중하게 여기셨습니다. 그러나 더 중요한 것은 예수 그리스도 안에서 누구든지 다 하나가 되는 예수 그리스도의 보혈의 피로 거듭난 '영적 가족'입니다. 그리고 온 가족이 하나님의 뜻을 행하는 가정이요, 온 가족이 함께 하나님을 위해 일하는 가정입니다.

미국의 퍼스트 레이디였던 바버라 부시 여사는 웰스레이 여자대학의 졸업식에서 이렇게 연설했습니다. "시험에 합격하지 못했거나 거래 한 건을 성사시키지 못했다고 인생의 마지막 순간에 후회하지는 않을 것입니다. 그러나 부모나 배우자, 자녀나 친구들과 더 많은 시간을 갖지 못했다면 반드시 후회할 것입니다." 그리고는 연설 말미에 이렇게 덧붙였습니다. "우리 사회의 성공 여부는 백악관이 아니라 여러분의 가정에 달려있습니다."

성도 여러분, 우리는 주 안에서 행복한 가정, 영적 가정을 만들어가야 합니다. 예수님은 말씀하셨습니다. "누구든지 하나님의 뜻대로 하는 자는 내 형제요 자매요 모친이니라"(마가복음 3:35). 아멘.

행복한 가정을 위하여

16보라 내가 너희를 보냄이 양을 이리 가운데 보냄과 같도다
그러므로 너희는 뱀 같이 지혜롭고
비둘기 같이 순결하라
(마태복음 10:16)

행복한 가정을 위하여

마태복음 10:16

이 세상은 우리의 가정을 파괴시키려고 유혹하며 위협하는
요소가 너무도 많다는 것을 바로 알고 경계해야 합니다.
행복한 가정을 위해 우리는 이 세상을 올바르게 알아야 합니다.

자동차 왕으로 알려진 헨리 포드는 가난한 농촌에서 태어나 초등학교를 졸업한 후 성실하게 자기의 삶을 개척하여 세계적인 부자가 된 사람입니다. 포드는 거부가 된 후에도 옛날 농사꾼의 아들로 뛰놀며 자란 농촌에서 검소한 생활을 했습니다. 어느 날 한 사람이 "집이 너무 조라하지 않습니까?" 하고 물었습니다. 포드는 웃으며 이렇게 대답했습니

다. "나는 집을 짓기보다는 가정을 만들기를 원하네." 그의 방에는 이런 문구가 붙어 있었습니다. "자기의 손으로 장작을 패어 불을 지펴라. 두 배로 따뜻해진다."

우리 모두는 행복한 가정을 원합니다. 그러나 행복한 가정은 가족 모두가 노력하고 애써야 합니다. 가정은 생명이 잉태되어 자라는 곳이며, 안식처이자 상처를 치유 받는 곳입니다. 가정은 새 힘을 얻는 곳이며 성숙해져 가는 곳입니다. 그러므로 건강하고 행복한 가정을 세우는 일은 우리 모두의 최대 과제입니다. 우리는 건강하고 행복한 가정을 이루어가야 합니다.

오늘의 본문 말씀은 예수님께서 많은 사람들 중에서 12명의 제자를 부르시고, 그들에게 사명과 권능을 주시면서 세상으로 보내시는 내용입니다. 그 때에 예수님은 그들이 나가는 세상의 완악함을 잘 아시고 그들을 염려하며 권면하시는 말씀입니다. 오늘 우리는 예수님께서 말씀하신 본문의 말씀을 통해서 행복한 가정을 만들기 위해 진리를 찾아보고자 합니다. 예수님은 말씀하셨습니다. "보라 내가 너희를 보냄이 양을 이리 가운데 보냄과 같도다 그러므로 너희는 뱀같이 지혜롭고 비둘기같이 순결하라" (마태복음 10:16).

1. 행복한 가정을 위해서는 우리가 사는 이 세상을 바로 알아야 합니다.

"보라 내가 너희를 보냄이 양을 이리 가운데 보냄과 같도다"(마태복음 10:16). 이 시대는 어떤 시대입니까? 예수님은 양과 같은 제자들을 노리는 이리가 살고 있는 세상, 즉 한마디로 위험한 세상이라고 말씀하셨습니다. 오늘 날 행복한 가정을 이루기 위해서는 가정을 파괴하고 위협하는 것들이 너무도 많이 있다는 것을 알아야 합니다. 우리는 이 세상을 똑바로 알고 대비하며 살아가야 행복한 가정을 이루어 갈 수 있습니다.

미국의 한 사회학자가 지나간 시대의 변천을 연구하면서 시대들을 이렇게 규정했습니다. 1950년대를 가리켜 허무의 시대라고 했습니다. 2차 세계대전 후에 생길 수 있는 현상으로 그 때에는 삶에 대한 깊은 허무에 빠져 있었습니다. 1960년대를 가리켜 쾌락의 시대라고 했습니다. 사람이 허무를 느끼자 탐닉할 수 있는 것은 쾌락밖에 없었습니다. 그래서 현실에 탐닉하는 것, 그것 밖에는 아무 의미가 없습니다. 쾌락을 추구하는 시대의 한 특징입니다. 1970년대를 가리켜서 방황의 시대라고 했습니다. 쾌락은 결국 삶의 의미를 가져다 주지 못합니다. 사람은 결국 방황할 수밖에 없습니다. 1980년대를 이기주의의 시대라고 가리켰습니다. 영어로 이 시대를 가리켜서 'me generaton'이라고 했습니다. 오직 자신 밖에 모르는 세대입니다. 철저한 이기심의 지배를 받던 시대, 80년대의 시대적 특징이라고 진단했습니다. 그리고 1990년대 이후는 무관심의 시대라고 말할 수 있을 것입니다. 다른 사람들의 일에 무관심한 시대, 정치나 사회뿐만 아니라 가정에도 무관심한 시대입니다. 그렇다면 오늘날은 어떤 시대입니까? 마지막 날의 현상은 한마디로 혼란의 시대라고 할 수 있습니다. 정치적·경제적·문화적·도덕적·종교적으로 혼란합니다. 이것은 결국 가치관이 혼란해 질 수밖에 없습니다.

우리가 살아가는 이 세상에는 모든 일에 일정한 원리와 원칙이 있습니다. 질서가 있고 도리가 있습니다. 이것을 따르는 것을 합리(合理)라고 하며, 따르지 않는 것을 불합리(不合理)라고 합니다. 합리적인 사회는 행복한 사회가 되고 불합리한 사회는 불행한 사회요, 비인간적인 사회가 될 수밖에 없습니다. 그런데 합리가 상실되고 혼란이 계속되다보니 이 사회가 불안해지고 위험하게 됩니다. 그러므로 이 시대는 우리의 가정을 위협하는 것들이 너무도 많습니다. 마치 양을 노리는 이리와 같은 세상입니다. 그래서 주님은 이 세상을 이리떼로 비유 하셨습니다. 제자를 파송하는 주님은 "보라 내가 너희를 보냄이 양을 이리 가운데 보냄과 같도다"(마태복음 10:16)라고 말씀하셨습니다. 사도 베드로도 이 세상을 우는 사자가 삼킬 자를 찾는 것과 같다고 표현했습니다. "근신하라 깨어라 너희 대적 마귀가 우는 사자같이 두루 다니며 삼킬 자를 찾나니"(베드로전서 5:8). 그렇습니다. 이 세상은 참으로 악이 득세하는 세상입니다. 위험한 세상입니다. 우리의 가정을 위협하는 일들이 너무도 많은 세상에서 우리는 살고 있습니다.

자녀를 양육하는 부모들은 염려되는 것이 너무도 많습니다. 자녀들의 귀가 시간이 늦어지면 걱정이 되고 불안해집니다. 그래서 왠만한 가정의 장성한 자녀들은 휴대폰을 휴대하고 다닙니다. 자녀들이 어디에 있는지 확인하기 위해서입니다. 이것은 사회가 불안하기 때문입니다. 군대에 아들을 보낸 부모의 마음도 걱정은 마찬가지입니다. '혹 힘든 부대에 배치 받아서 고생하는 것은 아닐까? 혹 훈련 중에 다치지나 않을까? 아니면 고약한 고참을 만나 매를 맞지는 않을까? 굶지는 않을까?' 자녀가 제대하는 그 날까지 걱정과 염려가 떠나가지 않습니다. 딸을 둔 부모도 마찬가지입니다. 제일 염려되는 때가 혼인을 했을 때일 것입니다. '밥이나 제대로 할까? 혹 늦잠 자다가 시어머니께 잘못 보이는 것은 아닐까? 남편에게 아침이나 제대로 챙겨 주는 걸까? 집을 챙겨서 못살겠다고 친정으로

되돌아오는 것은 아닐까? 걱정이 한 두 가지가 아닐 것입니다. 전화라도 해서 어떻게 지내는지 안부라도 물어보고 싶은데 사돈댁에 눈치가 보여 전화도 마음대로 하지 못하고 안절부절 합니다. 전화 벨 소리만 내내 기다릴 뿐입니다. 이것이 부모의 마음입니다. 부부 사이도 마찬가지입니다. 남편의 귀가가 늦어져도 걱정이 되고, 아내가 좀 늦게까지 소식이 없으면 염려가 됩니다. 우리가 사는 세상이 위험하기 때문입니다.

아들을 군에 보내고 염려가운데 있는 부모처럼, 딸을 혼인시키고 노심초사하는 부모처럼, 우리 예수님도 제자들을 떠나 보내실 때의 마음이 마치 '양을 이리 가운데 보내는 것' 과 같다고 하셨습니다. 그렇다면 여기서 '양' 은 누구이며, '이리' 는 무엇입니까? 물론 '양' 은 '제자들' 이며 '이리' 는 '세상' 입니다. '세상' 이 우리가 생각하는 것처럼 그렇게 간단하거나, 호락호락한 상대가 아니라는 것을 알 수 있습니다. 아니 세상은 우리를 잡아먹기 위해 기다리고 있는 이리떼와 같습니다.

그런데 오늘날 많은 그리스도인들은 세상을 너무 가볍게 생각하는 경향이 있습니다. 세상은 우리가 가진 힘으로 능히 이길 수 있는 손쉬운 상대가 아닙니다. 우리의 능력만으로도 헤쳐나갈 수 있는 무기력한 장소도 아닙니다. 그런데 많은 사람들은 자신의 힘이나 능력으로 이 세상을 이겨 보려고 합니다. 어떤 사람은 돈을 열심히 벌어서 돈으로 세상을 이겨보겠다는 사람도 있습니다. 열심히 지식을 습득하여 지식으로 세상을 정복해보겠다는 생각을 하기도 합니다. 그런가 하면 권력으로 세상을 이기려는 사람도 있습니다. 그러나 세상은 우리가 생각하는 것처럼 우리들에게 쉽게 정복당하는 곳이 아닙니다. 오히려 양을 습격하기 위해 그 주위를 맴돌면서 기회를 살피고 있는 이리떼와 같습니다. 그러므로 우리는 이 세상이 얼마나 위험한지를 바로 알아야 합니다. 이 세상은 우리의 가정을 파괴시키려고 유혹하며 위협하는 요소가 너무도 많다는 것을 바로 알고 경계해야 합니다. 행복한 가정을 위해 우리는 이 세상을 올바르게 알아야 합니다.

 이 모든 것을 잘 아시는 우리 주님은 제자들에게 "너희는 뱀같이 지혜롭고 비둘기같이 순결하라"고 말씀하셨습니다. 상식적으로 이리를 이기려면 뱀보다는 사자가 되는 것이 이치에 맞습니다. 비둘기보다는 독수리가 훨씬 유리할 것 같습니다. 그런데 예수님은 엉뚱하게도 '뱀같이 지혜롭고, 비둘기같이 순결하라'고 말씀하십니다. 왜 그렇게 말씀하셨습니까? 그것은 세상은 힘으로 이기는 것이 아니라 지혜와 순결함으로 이겨야 한다는 것을 말씀합니다. 그러므로 우리는,

2. 행복한 가정을 위해서는 뱀같이 지혜로워야 합니다.

"그러므로 너희는 뱀같이 지혜롭고"(마태복음 10:16). 뱀은 악한 동물입니다. 그러나 주님은 뱀과 같이 나쁘다고 생각하는 것을 통해서도 우리가 배울 것이 있다고 말씀하십니다. 뱀처럼 악조건을 가진 동물도 없습니다. 뱀은 다리도 날개도 없습니다. 그러나 뱀은 높은 산꼭대기나 깊은 산골짜기, 심지어 물 속에도 있습니다. 이처럼 좋지 않은 환경 속에서도 불평하지 않고 뱀은 잘 살아갑니다. 우리는 이 세상을 살아 갈 때에 뱀의 지혜를 배워야 합니다. 아무리 상황과 조건이 좋지 않다 할지라도 원망하고 불평하는 일은 어리석은 일입니다. 하나님은 우리가 뱀의 지혜를 가지기를 원하십니다. 이 지혜는 어떤 상황 속에서도 감당해 나갈 수 있는 지혜입니다. 뱀같이 지혜로우라고 말씀하신 것은 신중하고 분별력이 있어서 위험으로부터 벗어나라는 뜻입니다. 뱀같이 지혜로우라는 것은 술수에 능한 자가 되라는 말씀은 아닙니다. 우리는 세상을 참으로 약삭빠르게 살아가는 사람들을 많이 볼 수 있습니다. 그런데 많은 사람들은 그런 사람을 부러워하기도 합니다. 어떻든 예수님은 사랑하는 제자들에게 세상에서 사는 동안 지혜롭지 못해서 어려움을 당하는 것을 피할 것을 말씀하셨습니다. 우리는 나를 향하신, 그리고 우리의 가정과 교회를 향하신 주님의 뜻이 무엇인지를 확실히 몰라서 혼란스러울 때도 많이 있습니다. 행복한 가정을 위해서는 우리에게 지혜가 필요합니다.

지혜로운 아내와 남편이 되어야 합니다. 가정의 행복을 위해서는 아내의 지혜가 중요합니다. 구약성경에서 지혜로운 여인으로 아비가일이 소개됩니다. 남편 나발은 부자이지만 미련하고 어리석은 사람입니다. 자기의 목장과 양떼를 지켜주던 다윗이 부하를 보내어 약간의 양식을 부탁했습니다. 그런데 술에 취한 나발은 다윗의 부하들에게 모욕을 주고 쫓아버렸습니다. 이 소식을 들은 다윗이 분노하여 군사를 이끌고 달려오자, 사태를 파악한 아비가일은 술에 취해 잠자는 남편과 의논하지 않고 식량을 싣고 뛰어나갔습니다. 그리고 먼저 다윗에게 용서를 구하고 지혜롭게 처신함으로 가족의 생명을 구했습니다. 우리의 가정에는 이런 지혜로운 아내가 있어야 합니다.

어떤 남편이 퇴근하고 집에 들어왔는데 아내가 미처 저녁을 준비하지 못했습니다. 그랬더니 남편은 "아니, 아직도 저녁을 안 했어? 에이 난 나가서 사 먹을 테야." 하면서 소리를 칩니다. 부인은 "여보, 5분만 기다려 줘요." 하고 말합니다. 그랬더니 남편이 "5분이면 저녁 줄 수 있어?" 하고 물었더니 아내는 이렇게 대답합니다. "아니, 저도 같이 나가서 사먹게요." 여러분이 아내라면 어떻게 대답하시겠습니까? 여러분, 어려운 때일수록 어려움을 잘 극복할 수 있는 지혜를 달라고 하나님 앞에 기도해야 됩니다. 우리는 환경이 나빠지면 신앙을 버리기가 쉽습니다. 그러나 우리는 끝까지 주님만을 바라보는 참 신앙인이 되어야 합니다.

남자와 여자가 결혼해서 같이 살아간다고 다 행복한 가정이 되는 것은 아닙니다. 비록 달동네 단칸방에 살아도 가족 구성원 모두가 서로를 있는 그대로 용납해주는 사랑의 태도가 있다면 그곳은 행복한 가정입니다. 그러나 100평 짜리 아파트에 살아도 그저 "너는 이렇게 돼야 해.", "저렇게 돼야 해." 하면서 요구만 하고, 정작 그 사람의 있는 그대로의 모습을 보고 싶어하는 열린 대화가 없다면 그곳은 잘 꾸며진 학교가 될 뿐입니다. 편견 없이 상대가 말하고 싶어하는 것을 깊이 들어주는 것은 어려운 일이 아닙니다.

최근 미국의 시카고 가정법원의 명판사 조지 사바스는 많은 가정불화를 화해로 돌리는데 성공한 사례를 발표했습니다. 그는 가정의 균열이 작은 것에서부터 시작된다고 밝히면서 이렇게 강조했습니다. "행복은 말 한마디에서 출발한다. 남편이 일터로 나갈 때에 아내가 문에까지 나가면서 '잘 다녀오세요.' 하고 인사하고, 귀가할 때에는 하던 일을 멈추고 '잘 다녀오셨어요?' 하고 상냥하게 맞이한다면, 그리고 남편도 아내에게 이렇게 다정한 말 한마디를 하루에 몇 번만 한다면 가정불화는 막을 수 있다."

부부간에 행복지수를 높이는 방법 몇 가지를 소개해 봅니다.
① 사랑의 하나님을 경외하는 것이 사랑과 행복의 시작이다.
② 최소한 식탁과 침실에서는 험담은 금물이다.
③ 침묵이 금일 때가 있다. 그러나 필요할 때에는 감정을 솔직하게 털어놓는다.
④ 인간은 설득 당하도록 태어났다. 인내심을 가지고 부드럽게 설득하라.
⑤ 부부만의 공간을 확보하라(산책길 등).
⑥ 이해의 한계를 느낄 때에는 기도하라.
⑦ 종종 "우리는 행복하기 위해 만난 부부"라고 손잡고 외쳐라.
⑧ 칭찬은 저축하는 것이 아니다. 마음껏 소비하라.

성도 여러분, 참으로 이 시대는 어떻게 살아야 지혜롭게 사는 것인지 알 수 없는 혼란스러운 시대입니다. 남편도 지혜롭게 사랑해야 합니다.

 어느 마을에서 작고 기이한 모습의 곱사등이 청년이 한 처녀를 보는 순간 사랑에 빠지게 되었습니다. 그 곱사등이 청년은 용기를 내어 그녀의 방문을 두드렸지만 그녀는 방문조차 열어주지 않은 채 냉대했습니다. 비탄에 잠겨 눈물만 흘리던 그 청년은 문득 '한번 실망했다고 포기한다면 자신의 외모보다 못난 생각'이란 마음이 들었습니다. 곱사등이 청년의 얼굴에는 희망의 미소가 감돌았습니다. 다시 한번 용기를 내어 찾아간 곱사등이에게 한참에야 문을 열어준 처녀는 귀찮다는 듯 곱사등이를 쳐다보지도 않았습니다. 부끄러움을 참으며 곱사등이는 처녀에게 물었습니다. "당신은 결혼이라는 것이 하늘에서 맺어주는 것임을 믿나요?" "그래요. 당신도 그것을 믿나요?" "그렇습니다. 내가 태어날 때에 나에게도 미래의 신부가 정해졌습니다." 곱사등이는 계속해서 말했습니다. "그런데 하나님은 이렇게 덧붙였습니다. '그러나 그대의 신부는 곱사등일 것이다.' 나는 그 자리에서 소리를 쳤습니다. '안됩니다. 차리리 나를 곱사등이로 만드시고 나의 신부에게는 아름다움을 주십시오.' 그렇게 해서 나는 곱사등이로 태어나게 된 것입니다." 이 말을 가만히 듣고 있던 처녀는 고개를 돌려 곱사등이의 눈을 바라보았습니다. 그리고 처녀는 그 청년의 지혜와 사랑에 감동하여 결혼해서 행복하게 살았다고 합니다.

사랑을 얻기 위한 얼마나 지혜로운 생각입니까? 이것은 독일의 유명한 작곡가 멘델스존의 할아버지인 모세 멘델스존과 그의 헌신적인 아내 프롬체의 이야기입니다. 행복한 가정을 위해 부부는 지혜로워야 합니다.

아이들도 지혜롭게 양육해야 합니다. 어느 날 사람들이 어린아이들을 예수님께로 데려왔습니다. 사람들이 아이들을 예수님께 데리고 온 데에는 두 가지 목적이 있었습니다. 하나는 자기 자녀들이 예수님께 안수를 받게 하기 위해서이고, 다른 하나는 예수님께 기도를 받게 하고 싶어서입니다. '예수께 안수를 받고 싶다.'는 것은 내 자녀를 하나님과 깊은 관계를 가지게 하고 싶고, 하나님의 성품을 닮아 가는 아이로 양육하고 싶다는 말입니다. 이것은 지혜로운 방법입니다.

그런데 우리는 어떻습니까? 새벽부터 자정까지 자녀들은 학교와 학원에 맡기는 것이 우리의 현실입니다. 모든 부모들이 오직 공부, 오직 성적에만 매달려 있는 것 같지 않습니까? 자녀를 1등으로 만들려는 열병에 휩싸였습니다.―물론 어쩔 수 없는 교육의 현실을 비판하면서도 그 교육에 열심히 참여할 수밖에 없는 입장이겠지만…―여러분은 자녀들에게 무엇을 심어주고 있습니까? 우리는 자녀들에게 잘못된 인생관과 가치관을 심어주고 있습니다. 어렸을 때부터 패하면 안되고 어떻게 해서든지 반드시 이겨야 하고, 다른 사람보다 뛰어나야 한다고 경쟁심을 키워주고 있습니다. 예수님 앞에 자기 자녀를 데리고 왔던 이 부모들은 어떤 마음이었겠습니까? 이 부모들은 자녀들이 예수님을 만나서 안수도 받고, 기도도 받게 하고 싶었습니다. 이것은 무엇보다도 예수님과 어린 자녀가 만나도록 하고 싶었습니다. 자녀들에게 하나님을 가르쳐주려고 애를 썼습니다.

한 어머니가 이런 간증을 했습니다. "제 아이는 중학교 때까지는 전교 1등을 할 정도의 아이였습니다. 그런데 고등학교 때에 학교생활에 적응을 못하더니 중퇴를 하고, 검정고시를 통해 대학에 갔습니다. 그곳에서도 적응을 못해 군에 갔지만, 결국 중간에 질병으로 제대해서 지금까지 집에 있는데 아무것도 못하는 폐인이 되었습니다. 제 인생의 모든 희망이 사라졌습니다. 저는 하나님을 원망했습니다. 그런데 이곳에 와서 저는 우리 아들이 왜 이렇게 되었는지 그 이유를 분명히 알았습니다. 그것은 바로 저 때문이었습니다. 저는 이때까지 한번도 제 아이를 따뜻하게 안아 주었던 적이 없습니다. 항상 야단만 치고 더 잘하라고 매를 때려야 되는 줄로만 알고 아이를 다그

쳤습니다. 이것이 얼마나 잘못된 것인지 몰랐습니다."

행복한 가정은 자녀들을 지혜롭게 양육하는 가정입니다. 행복한 가정은 어린아이들이 하나님의 품안에서 자라게 해야 합니다. 자녀들이 하나님을 만나게 해 주어야 합니다. 하나님께서 여러분의 자녀들을 축복하도록 해 주어야 합니다. 그리고 매일 부모들이 자녀들에게 축복 기도를 해 주어야 합니다. 이럴 때 가정은 행복을 이룰 수 있습니다. 가정의 행복은 예수 그리스도에 의해서만이 열릴 수 있기 때문입니다. 우리에게 얽매였던 문제들, 상처 입은 것들, 자녀들의 문제, 이 모든 문제의 해결점은 예수님이십니다. 예수님만이 여러분의 모든 불행을 행복으로 만들 수 있습니다.

성도 여러분, 우리의 가정을 행복하게 만들려면 지혜로워야 합니다. 그러므로 야고보서는 이렇게 말씀합니다. "너희 중에 누구든지 지혜가 부족하거든 모든 사람에게 후히 주시고 꾸짖지 아니하시는 하나님께 구하라 그리하면 주시리라"(야고보서 1:5). 우리 모두 후히 주시고 꾸짖지 아니하시는 하나님께 지혜를 구하여, 모든 가정이 행복으로 충만한 가정을 이루어 가시기를 기원합니다.

3. 행복한 가정을 위해서는 비둘기같이 순결해야 합니다.

"비둘기같이 순결하라"(마태복음 10:16). 비둘기는 날개 밑에 기름주머니가 있다고 합니다. 이 주머니는 더러운 곳에 갔을 때 자신의 몸을 깨끗하게 만드는 주머니라고 합니다. 그러므로 비둘기같이 순결하라는 말씀은 부패한 것에 오염되지 않는 순수한 상태를 의미합니다. 즉, 거짓이 없는 솔직하고 순진함을 뜻하는 동시에 평화를 뜻하는 것이기도 합니다. 다시 말하면 부정과 부패가 만연한 세상에서 성경적인 삶을 살라는 말씀입니다.

노아의 홍수 때에 노아는 방주 밖의 물이 어느 정도 줄었는지 궁금해서 비둘기와 까마귀를 내보냈습니다. 그런데 까마귀는 돌아오지 않고 비둘기만 돌아왔습니다. 그 이유는 정확히 알 수 없으나 한가지 추측할 수 있는 것이 있습니다. 까마귀는 사람의 시체와 같은 썩은 것을 먹으며 살아가는 동물입니다. 그래서 방주 밖에는 먹을 것이 많아 돌아오지 않았고, 비둘기는 깨끗하고 정결한 동물이므로 돌아왔을 것으로 추측됩니다. 이처럼 우리는 죄악 된 세상에서 발붙이고 살만한 곳이 없습니다.

세계 최대의 강국인 미국에서 하루 동안에 일어나는 사건입니다. 하루에 태어나는 9,077명의 아기 중 1,282명은 사생아이고, 하루에 5,962쌍이 결혼하고 1,986쌍이 이혼합니다. 하루에 2,740명의 아이들이 집을 나가고, 하루 69,493명의 십대들이 성병에 감염됩니다. 강간은 8분마다, 살인은 27분마다, 강도는 78초마다, 절도는 10초마다, 자동차 분실사고는 33초마다 발생합니다. 그리고 하루에 2,740명의 십대 소녀들이 임신을 한다고 합니다.

미국의 어느 대학교수가 가정문제를 연구한 결과를 보면 가정의 최대 불행은 75%가 십계명 중의 제7계명인 '간음하지 말라'는 명령을 어긴 것 때문에 발생한다고 합니다. 그러므로 행복한 가정을 위해 필수적인 것은 순결입니다. 그러므로 행복한 가정을 위해 우리는 순결한 삶을 살아야 합니다.

하나님은 우리에게 성령을 주셨습니다. 그 성령의 역사하심은 우리로 하여금 말씀 안에서 순종하도록, 그래서 우리로 하여금 승리하는 인생을 살아갈 수 있도록 인도하십니다. 이 성령이 우리를 순결케 하십니다.

1) 부부생활이 순결해야 합니다.

하나님은 창조 시에 사람을 창조하실 때에 남자와 여자로 만들어 함께 동거하며 살게 하셨습니다. "창조 시로부터 저희를 남자와 여자로 만드셨으니 이러므로 사람이 그 부모를 떠나서 그들이 한 몸이 될찌니라 이러한즉 이제 둘이 아니요 한 몸이니 그러므로 하나님이 짝지어 주신 것을 사람이 나누지 못할찌니라"(마가복음 10:6-9). 하나님은 원래 두 사람이 하나로 살도록 만드셨습니다. 결혼이란 하나님께서 제정하신 제도입니다. 그러므로 성공적인 결혼이란 한 남자와 한 여자가 얼마나 진지하게 하나님의 뜻대로 하나가 되어 살아가느냐에 달렸습니다. 태초에 하나님의 질서는 1남 1녀가 부부가 되어 행복하게 살아가는 것입니다. 한 남자만 사랑하고 한 여자만 사랑하는 것이 하나님의 창조질서요, 이것이 순결한 부부생활입니다. 그런데 이 세상은 죄악으로 타락하고 부패하여 이 순결이 상실되었습니다.

역사상 두 개의 타락한 도시가 있었습니다. 소돔과 폼페이입니다. 죄악이 관영한 이 두 도시는 하나님의 심판을 받아 멸망했습니다. 지진과 화산폭발로 폐허가 되었습니다. 그 이유는 순결성을 잃었기 때문입니다. 먹고 마시고, 시집가고 장가

가고, 음란하고 부패한 문화 속에서 부부들이 순결을 잃었습니다. 그 결과 가정은 파괴되고 말았습니다.

오늘날 가정의 행복을 위해 필수적인 것이 바로 부부의 순결입니다. 남편은 아내를, 아내는 남편만을 사랑해야 합니다. 그런데 우리 주위에는 너무도 많은 사람들이 이 순결을 지키지 못하고 파괴되어 가고 있습니다. 믿음의 사람 이삭은 성경에 나오는 부부가운데에서 가장 행복한 삶을 살았던 사람입니다. 이삭은 평생동안 그의 한 아내 리브가와 순결한 가정 속에서 행복하게 살았습니다. 아브라함은 자기의 아들이 결혼 적령기에 이르자, 머느리를 얻기 위해 자기의 종을 고향으로 보냅니다. 이때 종이 출발하면서 이런 기도를 드립니다. "오늘날 나로 순적히 만나게 하사"(창세기 24:12). 이삭의 종은 주인의 머느리가 될 사람을 만나게 해달라고 먼저 하나님께 기도를 했습니다. 그리고 아브라함의 종은 이삭의 고향으로 출발합니다. 드디어 고향에서 신부가 될 사람을 만납니다. 그러자 마음으로 이렇게 다짐을 해봅니다. "내가 이 여인에게 물을 달라고 했을 때 나에게 물을 줄뿐만 아니라, 약대에게까지 물을 준다면 틀림없이 하나님이 내게 주신 사람이다." 그리고 그 여인에게 물을 달라고 합니다. 그의 기대는 그대로 이루어졌습니다. 리브가가 종에게 뿐만 아니라 약대들에게까지 물을 주었습니다. 그러자 아브라함의 종이 이렇게 고백을 합니다. "나의 주인 아브라함의 하나님 여호와를 찬송하나이다 나의 주인에게 주의 인자와 성실을 끊이지 아니하셨사오며 여호와께서 길에서 나를 인도하사 내 주인의 동생 집에 이르게 하셨나이다" (창세기 24:27). 이들은 결혼이 하나님의 뜻에 의해서 된 줄 알았습니다. 그래서 하나님의 뜻대로 평생동안 둘이 하나로 살아갔습니다. 이들은 가장 아름답고 행복하고 순결한 가정을 이루었습니다.

우리가 만약 이런 확신을 가지고 가정생활을 한다면 우리의 가정이 얼마나 아름답게 변하겠습니까? 하나님의 원래의 뜻대로 평생 한 남편은 한 아내에게 만족하고, 한 아내는 한 남편에게 감사하고 산다면 얼마나 행복한 가정을 이룰 수 있겠습니까? 우리의 가정은 과연 하나님의 원래의 뜻대로 살아가고 있습니까? 서로 서로 한 사람 한 사람을 향해서 불타는 사랑과, 불타는 애정과 열정을 가지고 있습니까? 결혼이 하나님의 뜻에 의한다면 우리 가정의 아내들이야말로 내게 주신 완전한 아내요, 우리 남편들이야말로 내가 가장 존경할 나의 남편인 것입니다. 이 세상에서 나의 남편보다 더 좋은 남편이 없고 더 좋은 아내는 없습니다.

유명한 자동차 왕 헨리 포드는 자동차 왕이자 가정에서도 훌륭한 가장이었습니다. 그가 50세 때에 생일 파티를 가졌는데 이런 질문을 받았습니다. "당신은 훌륭한 가정을 이루고 있는데 그 비결이 무엇입니까?" "예. 나의 가정생활의 성공 비밀은 자동차 사업에 성공한 비밀과 거의 비슷합니다. 여러분도 아시다시피 저희 회사가 자동차 사업에 성공한 것은 한 가지 모델만 집중적으로 개발했기 때문입니다. 나의 가정도 마찬가지입니다. 나는 한 여자만 집중적으로 개발했습니다."

여러분, 그렇습니다. 가정은 한 곳에 집중하는 것입니다. 남편은 아내에게 집중하고, 아내는 남편에게 집중하는 것입니다. 아내는 남편의 생각을 어기며, 남편도 아내의 생각을 어겨 가면서 다른 일을 하는 것이 아닙니다. 하나님은 선지자에게 "그는 네 짝이요 너와 맹약한 아내라"(말라기 2:14)고 말씀했습니다. 행복한 가정은 순결해야 합니다.

행복한 가정을 위해서 부부는 순결한 삶을 살아가는 것이 필수입니다. 남편도 순결해야 하고 아내도 순결해야 합니다. 자녀들도 순결해야 합니다. 믿음의 순결성을 유지하는 가정이 행복한 가정입니다.

2) 자녀들을 순결하게 양육해야 합니다.

행복한 가정을 위해 우리의 자녀들을 순결하게 양육해야 합니다. 순결한 마음을 가지게 하고 순결한 신앙과 생활을 하도록 해야 합니다. 자녀들이 순결한 삶을 살지 못하면 결코 행복한 가정을 이룰 수 없습니다. 우리의 자녀들이 순결하게 자랄 때 우리에게 소망이 있습니다. 순결한 자녀들이 결국 하나님 앞에서 아름답게 쓰임을 받고 축복을 받아 성공할 수 있습니다.

새 생명이 잉태되면 4개월 후부터 뇌가 형성되기 시작하고, 그 때부터 '해마' 라고 하는 기억장치가 작동된다고 합니다. 이때부터는 태교에 본격적인 관심을 기울여야 합니다. 태아가 그 때부터 소리를 들을 수 있고, 감각을 느낄 수 있으며, 빛과 어둠을 구별할 수 있다고 합니다. 그때 하나님의 말씀인 성경 말씀을 읽어주고, 찬송을 들려주면 태아가 가장 편안함을 느낀다고 합니다. 이는 산모의 정신건강에도 더없이 좋다고 합니다. 특히 4복음시와 창세기를 많이 들려주는 것이 바람직하다고 합니다. 그리고 창의력 개발을 위한 잠재력을 향상시켜주고, 정치·경제·문학·예술부문에서 영재로 키우고 싶으면 시편을 읽어주고, 이공계통은 레위기·민수기·신명기를, 용감

한 군인을 원한다면 사무엘상·하와 역대상·하를 많이 들려주는 것이 좋다고 합니다.

음악의 천재라 불리는 모차르트는 태아 때에 그의 어머니가 살림에 여유가 있었습니다. 그래서 음악을 즐겨 들은 결과 음악에 뛰어난 재능을 보였다고 합니다. 그런데 모차르트의 두 동생을 잉태했을 때에는 가산이 기울어 생업에 바쁘다보니 음악을 들을 겨를이 없었습니다. 그랬더니 두 동생들은 음악에는 전혀 소질이 없었다고 합니다. 한 부모에게서 태어난 자녀이지만 태아교육이 그 아이의 장래를 결정한 중요한 사례라 할 수 있습니다.

노벨 문학상을 받은 많은 수상자들과 셰익스피어나 톨스토이 같은 세계적인 문학가들은 실제 시편에서 많은 영감과 영향을 받았다고 고백했습니다. 세계적으로 유대인은 각 분야에서 두각을 나타내고 있습니다. 그래서 이들을 연구한 결과 유대인의「쉐마 교육」의 영향 때문이었다고 합니다. 하나님을 알지 못하는 사람은 세상적인 교육방법을 선택합니다. 그러나 우리 신앙인은 하나님이 주신 귀한 선물인 성경이 있습니다. 자녀들에게 성경을 늘 묵상하고 그 말씀을 지키며 암송케 하는 것이 자녀를 올바르게 양육하는 지름길입니다. 순결하게 자란 믿음의 아들 요셉은 모든 죄악과 유혹을 물리치고, 신앙의 순결을 지킴으로 자기의 가족과 민족을 구원하는 위대한 축복을 받았습니다.

가정의 행복은 순결한 자녀를 양육하는데 있습니다. 그러므로 우리 하나님의 사람들은 하나님을 사랑하며 하나님이 기뻐하시는 뜻을 따라 순결하게 살아야 됩니다.

성도 여러분, 우리의 자녀들을 하나님의 말씀으로 지혜롭게 양육시킬 때 분명 세계를 움직이는 훌륭한 인물들이 많이 나타날 것입니다. 성경은 말씀합니다. "우리가 알거니와 하나님을 사랑하는 자 곧 그 뜻대로 부르심을 입은 자들에게는 모든 것이 합력하여 선을 이루느니라"(로마서 8:28).

성도 여러분, 우리는 행복한 가정을 만들기 위해 어떻게 살아야 합니까? 주님의 말씀대로 뱀처럼 지혜롭고, 비둘기처럼 순결하게 살아야 합니다. 우리 모두 하나님 앞에 기도하여 지혜롭고 순결한 가정을 이루어 갑시다. 그리해서 자손 대대로 행복한 가정, 축복 받는 복된 가정을 이루시기를 기원합니다. 아멘.

행복한 가정을 만듭시다

¹⁸아내들아 남편에게 복종하라 이는 주 안에서 마땅하니라

¹⁹남편들아 아내를 사랑하며 괴롭게 하지 말라

²⁰자녀들아 모든 일에 부모에게 순종하라

이는 주 안에서 기쁘게 하는 것이니라

²¹아비들아 너희 자녀를 격노케 말지니 낙심할까 함이라

(골로새서 3:18-21)

행복한 가정을 만듭시다

골로새서 3:18-21

자녀들의 행복은 엄마와 아빠의 원만한 관계 속에서 옵니다.
부모가 행복하면 자녀들도 행복하게 됩니다.
엄마와 아빠의 관계가 사랑이 넘치면 자녀들도 사랑의 사람이 됩니다.
엄마가 아빠에게 복종하면 자녀들은 부모에게 순종합니다.

페스탈로치(스위스의 교육가 1746-1827)는 말했습니다. "가정은 최상의 학교이다." 그리고 헨리 포드는 무척 가정적인 사람이었습니다. 자동차 사업으로 거부가 된 뒤에야 고향 땅에 주택을 지었습니다. "백만장자의 집으로 너무 초라하지 않은가?" 하는 친구의 질문에 그는 이렇게 대답했습니다. "건물이 문제가 아닐세. 그 속에 사랑이 있으면 위대한 가정이며, 사랑이 없으면 석조로 지은 대저택도 무너질 것일세."

한 방송사에서 "행복하십니까?"라는 제목으로 성인 1천명을 대상으로 설문조사를 했습니다. 개인의 행복을 결정하는 요인으로는 가정의 화목(31%), 건강(28%), 재산(17%)…긍정적 사고(7%), 신앙생활(1%), 인간 관계(1%) 순으로 나왔습니다. 가정, 건강, 재산을 개인의 행복을 결정하는 3대 조건으로 보고 있었습니다. "돈으로 행복을 살 수 있는가?" 하는 물음에는 '그렇다'가 46%, '아니다'가 54%로 나왔습니다. '그렇다'는 여성이 49%, 남성이 43%로 여성의 비율이 높았습니다. 그런데 소득과 행복이 반드시 비례하지 않는 것으로 나타났습니다. 월 소득 1백만 원 이하인 사람 중에서 행복하다는 응답은 65%였지만, 1백만-1백 50만 원에서는 85%, 1백 50만-2백만 원에서는 88%, 2백만-3백만 원에서는 90%로 높아졌습니다. 그러나 3백만 원 이상에서는 82%로 떨어졌습니다.

행복은 소득이 많고 적음에 큰 차이가 없습니다. 우리는 모두 행복한 가정을 원합니다. 그러나 행복은 혼자서 만들어가는 것이 아닙니다. 모든 가족이 다함께 행복한 가정을 만들어가야 합니다.

오늘 성경본문의 말씀을 통해 우리는 행복한 가정을 만들어 나가야 합니다. 부부와 자녀 모두가 함께 만들어가야 합니다. 가족 구성원 모두는 서로가 상대를 향한 의무를 충실히 감당해야 합니다. 성경은 인간관계에 있어서 서로가 상대에 대한 의무가 있음을 가르쳐 주고 있습니다. 아내에 대한 남편의 의무가 있고, 남편에 대한 아내의 의무가 있습니다. 자녀에 대한 부모의 의무가 있고, 부모에 대한 자녀의 의무가 있습니다. 행복한 가정은 이러한 상대적 의무를 서로 충실하게 감당해 나갈 때 이뤄집니다. 만약 어느 한 쪽이라도 일방적이거나 의무를 등한시하면 행복한 가정을 이룰 수 없습니다. 부부가 서로 상대방의 의무만을 강요해서도 안 되며, 부모라고 자녀의 의무만을 강요할 수도 없습니다. 오늘 말씀을 통해 하나님께서 우리에게 원하시는 자세는 상대적 의무를 충실히 감당하는 것이 우리 모두에게 큰 행복과 유익을 가져다 준다는 것을 가르치고 있습니다.

1. 아내는 남편에게 복종할 의무가 있습니다.

"아내들아 남편에게 복종하라 이는 주 안에서 마땅하니라" (골로새서 3:18). 가정의 행복은 무엇보다도 먼저 부부 사이의 도덕에 기초를 둡니다. 그 이유는 부부가 가정의 기초이기 때문입니다(창세기 2:18). '남편에게 복종하라'는 말은 가정의 화평은 주로 아내 된 자의 온유한 덕으로 말미암아 성립된다는 것을 보여줍니다. "오직 마음에 숨은 사람을 온유하고 안정한 심령의 썩지 아니할 것으로 하라 이는 하나님 앞에 값진 것이니라 전에 하나님께 소망을 두었던 거룩한 부녀들도 이와 같이 자기 남편에게 순복함으로 자기를 단장하였나니"(베드로전서 3:4-5). '이는 주 안에서 마땅하니라'는 말은 주 안에 있는 자가 마땅히 실행할 책임이라는 것을 의미합니다. 아내가 남편에게 복종할 책임이 있는 이유는 성경에 기록되었습니다.

1) 하나님의 명령이기 때문입니다.

하나님의 명령은 절대적입니다. "아내들이여 자기 남편에게 복종하기를 주께 하듯 하라 이는 남편이 아내의 머리됨이 그리스도께서 교회의 머리됨과 같음이니 그가 친히 몸의 구주시니라"(에베소서 5:22), "아내 된 자들아 이와 같이 자기 남편에게 순복하라 이는 혹 도를 순종치 않는 자라도 말로 말미암지 않고 그 아내의 행위로 말미암아 구원을 얻게 하려함이니"(베드로전서 3:1). 이처럼 아내가 남편에게 복종해야 하는 것은 하나님의 절대적이고도 영구적인 명령입니다.

2) 남자가 먼저 창조된 까닭입니다.

"이는 아담이 먼저 지음을 받고 이와가 그 후며"(디모데전서 2:13). 아내가 남편에게 복종해야 될 이유는 남자가 먼저 창조되었고, 여자는 남자를 위해 남자의 몸의 일부분으로 지음 받았기 때문입니다(고린도전서 11:3,8,9).

3) 여자는 남자를 위해 창조된 까닭입니다.

"또 남자가 여자를 위하여 지음을 받지 아니하고 여자가 남자를 위하여 지음을 받은 것이니"(고린도전서 11:9).

4) 여자는 남자에게서 난 까닭입니다.

"남자가 여자에게서 난 것이 아니요 여자가 남자에게서 났으며"(고린도전서 11:8).

5) 여자가 솔선하여 범죄한 까닭입니다.

"아담이 꾀임을 보지 아니하고 여자가 꾀임을 보아 죄에 빠졌음이니라"(디모데전서 2:14). 남자보다 여자가 먼저 범죄했기 때문입니다. 따라서 아내가 남편에게 복종하는 것이 하나님의 뜻과 약속인 동시에 사물들의 이치와 자연질서에도 맞습니다.

6) 여자는 남자보다 연약한 그릇이므로 남자의 지도와 보호를 요구하기 때문입니다.

"남편 된 자들아 이와 같이 지식을 따라 너희 아내와 동거하고 저는 더 연약한 그릇이요 또 생명의 은혜를 유업으로 함께 받을 자로 알아 귀히 여기라"(베드로전서 3:7). 하나님께서 하와를 만드실 때 아담의 갈비뼈를 취하여 만드셨습니다. 이 갈비뼈는 심장을 보호하고 있는 뼈이며, 심장은 생명과 직결되어 있는 부분입니다. 이것은 남편과 아내가 생명적인 관계에 있다는 것을 의미합니다. 또한 갈비뼈는 품안에 있는 뼈입니다. 우리가 어떤 소중한 것을 취할 때에는 가슴에 품습니다. 엄마가 아기를 안을 때에도 가슴으로 꼭 안아 줍니다. 아이들도 좋은 선물을 받으면 가슴에 품고 좋아합니다. 이것은 소중한 것을 보호하려는 본능에서 나타나는 행동입니다. 이와 같이 여성이 남성의 갈비뼈에서 생겨났다는 것은, 여성은 남성의 사랑을 받아야 할 존재라는 것을 의미합니다. 그러므로 아내들은 남편의 보호와 사랑을 받아야 할 생명적 존재입니다.

아내는 남편의 보호와 사랑을 받을 때 비로소 행복하고 만족해합니다. 그런데 아내가 남편의 보호와 사랑을 받기 위해서는 먼저 아내가 남편에게 복종해야 합니다. 남편이 아무리 사랑해도 아내가 남편에게 복종하지 않는다면 그 사랑은 받아들여지지 않으며, 적용되지 못하게 됩니다.

그것은 그리스도와 교회와의 관계에서 이해될 수 있습니다. 그리스도는 남편이고, 교회는 신부라고 했습니다(마태복음 25:1; 요한계시록 19:7; 에베소서 5:23). 그리고 교회(성도)의 행복은 그리스도께 대한 복종에서 옵니다. 그리스도께서 아무리 교회를 사랑한다고 해도 교회(성도)가 그리스도께 불복종하면 교회(성도)는 참 행복을 누릴 수가 없습니다. 이와 마찬가지로 아내는 남편에게 복종할 때에만 참 행복을 누릴 수 있습니다.

7) 하나님께서 남자를 여자의 머리로 정하셨기 때문입니다.

"또 여자에게 이르시되 내가 네게 잉태하는 고통을 크게 더하리니 네가 수고하고 자식을 낳을 것이며 너는 남편을 사모하고 남편은 너를 다스릴 것이니라 하시고"(창세기 3:16), "그러나 나는 너희가 알기를 원하노니 각 남자의 머리는 그리스도요 여자의 머리는 남자요 그리스도의 머리는 하나님이시라"(고린도전서 11:3). 그러나 복종한다고 해서 억지로 마지못해 하는 것이 되어서는 안됩니다. 모욕 속에서 하는 굴종이 되어서도 안 되며, 노예처럼 복종하는 것이 되어서도 안됩니다. 하나님 앞에서 남녀는 동등한 인격자들입니다. 그러므로 복종하는 것은 하나님의 말씀에 따라 해야 할 의무임을 알아야 합니다. 즉 아내가 남편에게 복종하는 것은 아내 된 자의 마땅한 의무입니다. 우리는 하나님의 말씀에 따라 복종할 때 가정에 행복이 찾아온다는 사실을 기억해야 합니다.

8) 남편을 행복하게 하기 위해서입니다.

이 세상에서 가장 행복한 남자는 누구입니까? 탈무드에는 좋은 아내를 얻은 남자라고 했습니다. 이와 반대로 이 세상에서 가장 불행한 남자는 나쁜 아내를 얻은 남자입니다. 전 세계를 지배할 만큼 능력이 있고 위대한 남성이라 하더라도 가정에서 아내로부터 진정한 복종을 받지 못한다면 그는 외롭고 비참한 존재에 지나지 않습니다. 그러나 비록 밖에서는 가장 낮은 위치에서 모든 사람들을 섬겨야 할 입장에 있는 남성일지라도 일단 가정에 들어오면 왕과 같은 존재가 되고, 아내로부터 존경을 받는다면 그 남성은 가장 행복한 자임에 틀림이 없습니다. 그러므로 남편을 진정으로 행복하게 해주고 싶다면 아내는 남편에게 복종해야 합니다. 남편을 왕처럼 받들어 주고 존경하며 인정해 주어야 합니다. 그 결과 아내가 행복하게 됩니다. 그러면 남편을 왕같이 받들어 주면 어떻게 됩니까? 아내는 자동으로 왕후가 됩니다. 남편이 왕이요, 아내가 왕후라면 그의 자녀들은 자연히 왕자와 공주가 됩니다. 비록 세상의 권세가 없고 내 소유의 땅 한 평이나 방 한 칸이 없어도 아내가 남편에게 복종하는 가정은 궁전과 같은 행복한 가정이 됩니다.

9) 자녀들을 행복하게 하기 위해서입니다.

문제아는 문제의 가정에서 발생합니다. 불행한 환경에서 성장하는 청소년들은 문제아가 되기 쉽습니다. 그러므로 자녀들이 행복하게 자라게 해야 합니다. 자녀들의 행복은 엄마와 아빠의 원만한 관계 속에서 옵니다. 부모가 행복하면 자녀들도 행복하게 됩니다. 엄마와 아빠의 관계가 사랑이 넘치면 자녀들도 사랑의 사람이 됩니다. 엄마가 아빠에게 복종하면 자녀들은 부모에게 순종합니다. 그러나 엄마가 아빠를 무시하고 멸시하면 자녀들도 부모에게 불순종하고 빗나간 성격의 소유자가 되기 쉽습니다. 남편에 대한 아내의 복종은 그의 자녀들을 행복하게 만들고 좋은 성격의 소유자로 성장하게 해 줍니다.

2. 남편은 아내를 사랑할 의무가 있습니다.

"남편들아 아내를 사랑하며 괴롭게 하지 말라"(골로새서 3:19). 성경은 아내의 순종만 강조하지 않습니다. 남편에게도 아내에게 대한 중대한 의무가 있음을 교훈하고 있습니다. 행복한 가정은 아내를 사랑하고, 괴롭히지 않습니다. 왜 남편은 아내를 사랑해야 합니까?

1) 이것도 역시 하나님의 명령이기 때문입니다.

아내가 남편에게 복종해야 되는 것이 하나님의 명령이듯, 남편이 아내를 사랑해야 함도 하나님의 절대적인 명령입니다. "남편들아 아내 사랑하기를 그리스도께서 교회를 사랑하시고 위하여 자신을 주심같이 하라"(에베소서 5:25). 그리스도께서 죽기까지 교회를 사랑하셨습니다. 그러므로 남편은 죽기까지 아내를 사랑해야 한다는 말씀입니다. 아내는 남편과 한 몸이요(창세기 2:24), 아내는 남편의 빈 부분을 채워주는 배필입니다(창세기 2:18). 무엇보다도 아내는 생명을 잉태하여 해산하고 양육하는 고귀한 존재입니다. 이 세상에서 아무리 위대한 영웅호걸이나 성인이라 할지라도 그들 모두 연약한 어머니의 품에 안겨 그의 젖을 먹고 자라났습니다. 그러므로 이처럼 고귀한 아내를 귀하게 여기고 사랑해야 한다고 하나님은 명령하셨습니다.

2) 더 연약한 그릇이기 때문입니다.

"저는 더 연약한 그릇이요"(베드로전서 3:7). 연약한 그릇일수록 조심스럽게 다루기 마련입니다. 남편이 아내보다 힘이 강하다고 우직스럽고 미련하게 대해서는 안됩니다. 본문 말씀에도 '남편들은 아내를 괴롭게 하지 말라' 고 명령하셨습니다. 남편은 아내보다 힘이 강하기 때문에 연약한 아내를 더욱 소중히 여기고 아껴주어야 합니다. 아내는 연약한 그릇이므로 더욱 귀히 여기고 사랑해주어야 합니다.

3) 생명의 은혜를 유업으로 함께 받을 자이기 때문입니다.

아내도 남편과 똑같이 하나님의 사랑을 받고 있는 하나님의 자녀입니다. 아내도 주님의 십자가의 은총으로 구원받은 자요, 하늘나라를 유업으로 상속받을 하나님의 백성입니다. 그러므로 만일 아내를 무시하고 학대한다면, 그것은 바로 하나님이 사랑하시는 딸을 무시하고 학대하는 것이 됩니다. 남편들은 아내가 자신의 배우자이기 전에 하나님의 딸이라는 사실을 잊어서는 안 됩니다.

4) 기도가 막히지 않기 위해서입니다.

"이는 너희 기도가 막히지 아니하게 하려 함이라"(베드로전서 3:7). 남편과 아내가 꾸미는 가정은 교회의 축소판입니다(Clement). 가정 안에서 남편과 아내가 협력하며 공동의 목표를 가지고 기도했을 때, 두 세 사람과 함께 하신 주님께서 응답하실 것입니다(마태복음 18:20; 고린도전서 7:5). 그러나 서로의 관심과 사랑을 필요로 하는 기도생활에서(마태복음 5:23-24; 6:12,14; 18:15-20; 마가복음 11:25) 남편이 아내를 악하게 대하거나 서로가 불화할 경우에는 기도의 효력이 발생하기 어렵습니다. 남편에 대한 아내의 복종이 남편은 물론 아내의 행복이 되듯, 아내에 대한 남편의 사랑이 아내는 물론 남편 자신에게도 유익이 됩니다. 남편이 아내를 귀하게 여기고 사랑할 때 남편의 삶에는 기쁨과 만족이 있습니다. 뿐만 아니라 신앙생활에 있어서도 생동감이 넘치고 기도가 상달됩니다. 그러나 아내를 학대하고 천시할 때에는 기도가 막히게 됩니다. 신앙의 활력을 잃게 됩니다. 영혼이 병들고, 외식하는 자, 위선자가 됩니다. 그러므로 신앙생활에서 승리하려면 아내를 사랑해야 합니다.

그러면 아내를 어떻게 사랑해야 합니까? 성경은 이렇게 말씀합니다. "아내 사랑하기를 그리스도께서 교회를 사랑하시고 위하여 자신을 주심같이 하라"(에베소서 5:25). 그리스도께서 교회를 사랑하신 사랑은 어떤 사랑입니까? ①죄인을 사랑하신 사랑입니다. ②우리가 사랑하기 전에 그가 솔선적으로 우리를 사랑하신 사랑입니다. ③자기의 목숨을 버리시기까지 하신 사랑입니다. ④영원한 사랑입니다. ⑤우리를 성결하게 하시려고 사랑하신 것입니다(에베소서 5:26-27). 우리가 이런 사랑을 한다면 무슨 문제가 되겠습니까? 그러나 이런 사랑은 아주 어렵고 힘이 듭니다. 그러나 성경은 이것을 요구하고 있습니다.

'괴롭게 하지 말라'에서 '괴롭게' 한다는 말은 '쓰게 군다'는 의미입니다. 남편 된 자는 그 아내를 주관할 수는 있으나, 독재적으로 압제를 해서는 안됩니다. 오직 사랑으로써 보호하고 부양하며 지도해야 합니다. 크리소스톰은 이 구절을 다음과 같이 강해했습니다. "남편 된 너는 네게 속한 사람이라고 하여 아내에 대하여 전자(專恣)(독재)하는 자가 되지 말고, 아내 된 너는 남편이 사랑한다고 하여 교만해지지 말아라. 아내 된 너는 남편에게 종속하기를 서슴지 말아라. 너는 사랑하는 그에게 종속함이 고역이 아니니라. 남편 된 너는 네 아내 사랑하기를 서슴지 말아라. 그 이유는, 네 아내가 네게 종속되어 있는 까닭이다." 남편 된 자는 언제든지 그 아내에게 오직 사랑으로 순종해야 할 본분을 가지고 있습니다.

3. 자녀들은 부모에게 순종해야 합니다.

"자녀들아 모든 일에 부모에게 순종하라 이는 주 안에서 기쁘게 하는 것이니라"(골로새서 3:20). '모든 일'이란 말은 부모가 명하는 것들 중에 악한 것까지도 포괄한 '모든 일'이 아닙니다. 부모에게 순종치 않는 것은 성경 말씀이 엄히 정죄합니다. '순종하라'는 말은 18절의 '복종하라'는 말과는 다릅니다. 18절의 '복종하라'는 말은 통솔(統率)에 종속함을 의미하고, 본 절의 '순종하라'는 말은 교훈에 청종(聽從)함을 의미합니다. '이는 주 안에서 기쁘게 하는 것이니라'고 했습니다. 우리 신자들의 도덕적 표준은 그리스도를 기쁘시게 하는 것입니다. 행복한 가정을 만들기 위해서 그 자녀들에게 주시는 교훈의 으뜸은 부모에게 순종하는 것입니다. 자녀가 부모를 공경하는 것은 제5계명을 이루는 것입니다. 제5계명은 "네 부모를 공경하라" 입니다. 부모는 자녀에게 공경 받아야 할 권리가 있습니다. 하나님께서 자녀에게 명하셨기 때문입니다. 그래서 자녀는 마땅히 부모를 모시고 귀히 여겨야 합니다. 이것은 자녀의 의무이자 사람된 도리입니다. 참으로 이 일은 하나님이 명하신 본분입니다. 그러므로 부모는 자손들에게 존경과 공경을 받아야 합니다. 그리할 때 그 가족들이 복을 받습니다. 이것이 하나님의 뜻입니다. 설사 존경을 받을만한 인격을 갖추지 못해도 자녀는 부모를 공경해야 합니다. 재산을 물려주었든 그렇지 못했든, 돈이 있든 없든 자녀는 부모를 중히 여겨야 합니다. 부모가 존경을 받을만한 조건이 있기에 공경하고 존경해야 한다는 것이 아닙니다. 그렇게 생각하는 분이 있다면 속고 있는 것입니다. 자녀가 부모를 존경하는 것은 부모의 능력과 인격 때문이 아닙니다. 그것은 하나님께서 정하신 원칙이며 명령이기 때문입니다. 그래서 하나님께서 주신 부모라는 권위에 머리를 수그리며, 복종하고 공경하는 것입니다. 그래서 부모에게 불효하면 땅에서 복을 받지 못합니다.

몇 년 전 서울 성동구에서 자기의 아내를 3층에서 밀어 떨어뜨린 남편이 있었습니다. 이 사람은 자기의 어머니가 원수라고 했습니다. 자기를 낳아서 잘 키워주지도 못한 원수라고 했습니다. 그래서 평소에 어머니를 미워하며 구박했습니다. 그 사람은 변변한 직업도 없이 난폭한 생활을 했습니다. 그 사람은 자기가 그렇게 된 이유가 다 자기를 잘못 키워준 어머니 때문이라고 했습니다. 그래서 어머니에게 밥도 주지 못하게 했는데, 어느 날 그의 부인이 시어머니에게 밥을 드렸습니다. 남편이 이 사실을 알고 분노했습니다. "내 허락도 없이 왜 밥을 주었느냐?"며 부인을 3층 옥상에서 밀어버린 것입니다. 이 부인은 8주간이나 치료를 받아야 할 중상을 입었고, 결국 불구자가 되었습니다. 이것은 불효 중에 불효입니다. 하나님께서 이런 자녀를 축복하시겠습니까? 우리 모두는 하나님의 말씀에 귀를 기울여야 합니다. "자녀들아 모든 일에 부모에게 순종하라…." 부모님을 공경하고 귀히 여기십시오. 그리하면 땅에서도 잘 되고 장수하는 복을 누리게 될 것입니다.

4. 아비들은 자녀를 격노케 말아야 합니다.

"아비들아 너희 자녀를 격노케 말지니 낙심할까 함이라"(골로새서 3:21). 그리스도인 된 부모는 자녀를 어떻게 양육해야 합니까? 자녀를 양육하는 부모가 할 일은 무엇입니까?

1) 부모는 자녀를 낙심케 하지 말아야 합니다.

성경은 말씀합니다. "또 아비들아 너희 자녀를 노엽게 하지 말고"(에베소서 6:4). 여기에서 자녀를 '격노케 한다거나 노엽게 한다' 는 뜻은 자녀를 의기소침하게 하는 것을 뜻합니다. 욕설을 퍼붓거나 저주의 말을 함으로써 마음에 상처를 주는 것을 말합니다. 그리스도인 된 부모들은 자녀의 감정에도 관심을 가져야 합니다. 부모가 자기의 감정에만 휩싸여 이성을 잃게 되면 안됩니다. 자녀들을 훈계할 때에 부모들의 권위와 방법과 표준을 고집하면서 자녀들이 잘 순종치 않을 경우에는 혈기와 울분에 끌리어 강박(强迫), 악담(惡談), 폭력까지 사용하는 데 문제가 있습니다.

우리 부모들이 아무리 마음이 상해도 해서는 안 될 말이 있습니다. ①자녀를 밖으로 내몰고 가출충동을 유발하는 말입니다. "당장 없어져라.", "너 같은 것은 죽어 버려. 없어져 버려.", "애초부터 너를 낳지 말았어야 했는데.", "나가 버려라." 등입니다. ②자녀의 약점을 들추는 말입니다. "넌 솔직히 예쁘지 않아. 그런 얼굴을 누가 데려가니? 공부라도 잘해야 데려갈

거 아니냐?" "넌 어떻게 그렇게 생겼니?" 등입니다. 이미 자녀 스스로가 잘 알고 있는 약점들을 들추게 되면 부모에게 앙심을 품게되고, 자녀도 부모의 약점을 찾아 들춰내게 됩니다. ③부모의 우울감을 표현하는 말입니다. "죽고 싶다.", "아빠와 살기 싫다." 등입니다. 이런 말은 자녀에게도 우울감을 전이시켜 자녀까지 어둡고 침울한 성격으로 만들고 맙니다. ④위협하거나 공포심을 불러일으키는 말입니다. "다시 그러면 다리를 부러뜨려놓겠다.", "또 잘못하면 가만 두지 않겠다." 등입니다. 이런 말은 자녀가 듣게 되면 언제 공격당할지 모른다는 생각에 부모를 회피하게 되고, 늘 적으로 생각되어 부모를 경계하게 됩니다. ⑤형제나 친구들과 비교하는 말입니다. 이런 말은 자녀에게 열등감을 자극하고 적개심을 키워주며 부모와의 심리적인 거리감을 더 느끼게 해줍니다. 이 얼마나 무서운 일들입니까? 이런 무서운 일들을 아무 생각 없이 행하는 부모들 때문에 어린 가슴이 병들고 죽어 갈 수 있다는 사실을 잊지 말아야 합니다. 우리 그리스도인들은 자녀에게 축복하고 기도해 주어야 합니다. 절대 욕설이나 저주를 함으로 자녀를 불행하게 해서는 안 됩니다.

어떤 여중생이 학교에 불을 지르려다 미수에 그친 일이 있었습니다. 이 여학생은 다른 사람들도 죽이고 자기도 죽으려고 학교에 불을 지르려했는데 사전에 발각되어 미수에 그치고 말았습니다. 그 학생은 상담하는 선생님께 이렇게 말했습니다. "선생님, 저는 쓸모 없는 아이예요. 부모와 형제, 친구들도 모두 싫고 저 자신도 싫어요. 죽어버렸으면 좋겠어요." 그런데 이 학생은 어릴 때부터 '쓸모 없는 아이'라는 부모의 심한 폭언을 들으며 자랐다고 합니다. 어려서부터 부모의 인정을 받지 못한 사람은 자신감이 없습니다. 부모의 과도한 책망과 질책은 자녀들을 의기소침하게 하고 자신감을 죽입니다. 그러므로 성경은 "아비들아 너희 자녀를 격노케 말지니 낙심할까 함이라"고 말씀합니다. 자녀들에게 자신감과 자긍심을 키워주되, 교만과 고집은 꺾을 줄 아는 지혜로운 부모가 되어야 할 것입니다. 자녀를 교육함에 있어서 부모들의 권위나 방법을 자의적(恣意的)으로 사용할 수 없습니다.

2) 오직 그리스도의 명하신 교양과 훈계를 그 자녀에게 전해주는 역할을 할 뿐입니다.

"오직 주의 교양과 훈계로 양육하라"(에베소서 6:4). 다른 말로 하면 성경적 가치관을 형성해 주어야 한다는 말입니다. 아이들에게 말씀을 깨닫도록 지도하고, 성경의 가치관이 자녀의 가치관이 되도록 가르치는 것입니다. 그러기 위해서는 먼저 부모가 성경적 가치관을 가져야 합니다. 하나님을 최고의 존재로 섬기고, 그 분을 경외하며 순종하는 것이 성경이 요구하는 가장 큰 가치 있는 일입니다. 참으로 여호와를 경외하는 것이 지혜요, 악에서 떠남이 명철이기 때문입니다. 부모는 그들의 자녀가 잘되고 못되는 문제를 일체 주님께 의뢰해야 합니다. 그리고 혹시 그 자녀가 불순종할 때에도 그들을 평화로운 마음으로 온유하게 지도해야 됩니다. 부모가 그 자녀를 올바르게 지도함에도 불구하고 그들이 부모에게 대하여 노여워하는 경우도 있습니다. 이것은 불순종입니다.

성도 여러분, 이 세상에서 복 중에 가장 큰 복은 여호와를 경외하는 복입니다. 그래서 그분이 말씀하시는 그 말씀에 늘 귀를 기울이고 순종하며 사는 것이 가장 큰 행복입니다. 이렇게 사는 것이 우리 성도들의 의무요, 가장 가치 있는 삶입니다. 하나님을 영화롭게 하고 영원토록 그 하나님을 즐거워하는 삶이 인생의 목적이요, 인생을 가치 있게 사는 비결입니다.

이 시대는 가치관의 부재 시대입니다. 어떤 것이 가치 있는 것인지를 분별할 능력이 없어진 시대입니다. 가치를 둘 필요가 없는 것에는 목숨을 걸고, 정말 가치를 두어야 할 것에 대해서는 무관심합니다. 부모들은 하나님의 말씀이 자녀의 삶의 가치관을 형성할 수 있도록 부지런히 가르쳐야 합니다. 그래서 유대인들은 자녀를 부지런히 가르쳤습니다. 앉았을 때에나 섰을 때에나, 들어가나 나오나 자녀들에게 부지런히 가르쳤습니다. 반복하고 또 반복해서 계속해서 가르쳤습니다(신명기 6:4-9). 이것이 부모가 해야 할 일입니다. 더구나 성경은 아비들에게 더 비중을 두고 있음을 아비들은 기억해야 할 것입니다.

3) 합당한 본을 보임으로 양육해야 합니다.

자녀들은 그들의 부모가 부모에게 어떻게 행동하는지를 보고 배웁니다. 부모의 언행, 신앙생활, 봉사, 대인 관계, 물질 사용, 직장 상사나 다른 연장자를 대하는 태도, 교회 지도자를 어떻게 대하는지, 그리고 인생 길을 가는 중에 만나는 모든 어려움을 어떻게 극복하며 해결하는지를 부모를 통해 보고 배우게 될 것입니다. 우리 믿음의 부모들이 자녀들에게 가장 중요하게 보여 주어야 할 것은, 모든 인생의 문제의 해결자이신 주님을 섬기며 믿는 믿음과 기도하는 모습이 아니겠습니까? 문제가 있을 때마다 하나님께 엎드려 기도하다가 문제를 해결받는 부모를 보며 자라는 자녀들은 살아가면서 만나게 되는 모든 문제를 기도함으로 하나님께 나아가는 자녀들이 될 것입니다.

특별히 이 시대는 기도하는 어머니와 아버지가 필요한 시대입니다. 기도하는 부모가 그리운 시절입니다. 우리 자녀들에게 영향을 가장 많이 끼치는 사람은 누구입니까? 학교, 교사, 교우 관계, 대중 매체, 위인들, 연예인과 스포츠맨들…. 수없이 많을 것입니다. 그 중에서 가장 강력하고 큰 영향력을 줄 수 있는 것은 역시 가정이요, 그 중에서도 부모입니다. 특별히 새벽마다 기도하는 어머니, 하나님 전에 엎드려 기도하는 아버지가 꼭 필요한 시대입니다. 부모가 하나님의 교회에서 엎드려 기도하는 것을 보며 자라는 자녀들은 항상 든든하고 두려움이 없으며 하나님의 축복을 믿습니다. 그런 자녀들은 결코 탈선하지 않습니다.

방탕한 어거스틴을 성자로 만든 것은 쉬지 않고 드린 어머니 모니카의 기도였습니다. 모세가 이스라엘의 위대한 지도자가 될 수 있었던 것은 배후에서 쉬지 않고 드린 어머니 요게벳의 기도가 있었기 때문입니다. 한나의 기도가 위대한 지도자 사무엘을 낳았습니다.

성도 여러분, 우리 부모가 자녀들이 잘되라고 동분서주하며, 많은 돈을 축적하여 물려주는 것 보다 더 중요한 것이 있습니다. 그것은 자녀를 우리 하나님께 맡기고 그 자녀가 잘되라고 새벽마다 기도하는 어머니, 아버지의 기도의 힘이 아니겠습니까? 자녀를 말씀과 기도로 양육하는 우리 부모들이 교회 안에 충만하기를 기원합니다.

5. 행복한 가정을 만드는 것은 주 안에서 가능합니다.

오늘 본문 말씀에서 중요하게 강조되는 말이 있습니다. "아내들아 남편에게 복종하라 이는 주 안에서 마땅하니라 남편들아 아내를 사랑하며 괴롭게 하지 말라 자녀들아 모든 일에 부모에게 순종하라 이는 주 안에서 기쁘게 하는 것이니라"(골로새서 3:18-20). 바로 '주 안에서' 라는 말입니다. '주 안에서' 라는 말은 하나님을 기쁘시게 하라는 의미가 있습니다. 아내가 남편에게 복종하는 것이나, 남편이 아내를 사랑하는 것이나, 자녀들이 부모의 말씀에 순종하는 것은 다 하나님을 기쁘시게 하는 일입니다. 그러므로 실천을 해야 한다는 말씀입니다. 바꾸어 말하면 우리의 가정은 하나님 중심의 가정을 만들어가야 모든 가족관계가 원만해지고 행복한 가정을 만들어 갈 수 있다는 말입니다. 행복한 가정의 출처는 어디입니까? 하나님을 중심으로 하는 신앙을 가지게 될 때 형성됩니다.

성도 여러분, 우리는 하나님 중심의 가정, 즉 주 안에서의 가정을 만들어가야 합니다. 오늘날 대부분의 가정문제는 바로 하나님 중심의 가정을 만들어가지 못하기 때문에 발생하는 문제가 많습니다. 하나님을 중심으로 살아가게 되면 사람을 속이지 않습니다.

택시를 운전하는 어느 집사님은 늘 자신 없는 삶을 살았습니다. 특히 자신이 다른 사람들만큼 많이 배우지 못했다는 이유로 마음이 괴로웠습니다. 많이 배우지 못했다는 콤플렉스에서 벗어나지를 못했습니다. 그 때문에 괴로웠습니다. 그래서 이 분은 교회에 출석은 해도 소극적이었습니다. 다른 사람들과 대화 중에 혹 자신에 관한 이야기가 나오면 어떻게 할 것인지 고민해 왔습니다. 그런 생각을 가지고 있으니 자연히 사람을 피하게 됩니다. 주일 낮예배 시간에만 나왔다가 사람과 마주치기가 싫어서 쏜살같이 집으로 돌아갑니다. 그런데 이러한 심리적인 상처는 점점 더 깊어갔습니다. 자신도 모르는 사이에 교회를 멀리하면서 술과 담배를 더욱 많이 하게 되었습니다. 급기야는 술을 마시면 필름이 완전히 끊어지는 중독상태에까지 갔습니다. 이렇게 되자 자연스럽게 교회와 교인이 점점 더 싫어지게 되고, 신앙도 점점 더 식어갔습니다. 거기에다 도박까지 시작했습니다. 한번 집을 나가면 며칠이든 소식이 없었습니다. 남편의 이런 모습을 지켜보던 아내는 몹시 답답했습니다. "하나님께서 왜 우리 가정에 이런 시련을 주시는가?" 마음속으로 생각하며 울며 기도했습니다. 울면서 기도할 수밖에는 다른 방법이 없었던 것입니다. 목회자에게도 기도요청을 했습니다. 목회자들도 기회가 있을 때마다 기도하며 남편을 권면했습니다. 남편은 목사님에게 와서 기도를 받을 때에는 다시는 나쁜 짓을 하지 않고 참신앙인으로 살겠다고 약속을 하지만 교회 밖으로 나가면 또다시 그런 생활이 반복되었습니다. 사탄은 바로 인간의 가장 약한 점을 틈타서 가정의 파괴를 불러일으킵니다. 그런데 그 가정에는 초등학교 5학년인 딸이 있었는데 이 딸은 무척 신앙이 좋았습니다. 늘 어머니를 따라서 저녁예배까지 드렸습니다. 그런데 이 딸은 어릴 때부터 피아노를 배워서 곧잘 쳤습니다. 하루는 아버지가 집에 있을 때에 교회에서 배운 복음성가를 칩니다. "탕자처럼 방황할 때도 애타게 기다리는 부드런 주님의 음성이 내 맘을 녹이셨네. 오, 주님. 나 이제 갑니다. 날 받아 주소서. 이제는 주님만 위하여 이 몸을 바치리다." 딸의 반주에 맞추어 복음성가를 흥얼거리던 이 아빠는 마음이 크게 찔렸습니다. 마음속으로 눈물을 흘렸습니다. "내가 왜 이런 지경까지 오게 되었을까?"

후회하는 마음으로 가득 했습니다. 그 길로 나가서 하나님께 회개했습니다. 그러나 자신도 모르는 사이에, 또다시 노름판에 앉아 있을 때였습니다. 딸의 피아노 소리와 함께 그 복음성가의 가사가 귓전을 울렸습니다. "탕자처럼 방황할 때도…" 결국 그 집사님은 몇 번 되풀이되는 고통의 과정에 종지부를 찍고, 하나님 앞으로 돌아와서 건강한 가정을 꾸몄습니다. 그 가정은 딸의 피아노 소리에 맞추어 하나님 앞에 찬양을 부를 때마다 감사가 넘치는 가정으로 바뀌었습니다. 하나님을 중심으로 살아가는 신앙의 가정이 얼마나 행복한 지를 자신의 일 순간의 타락을 통해서 깨달았습니다.

성도 여러분, 우리가 왜 행복한 가정생활을 해야 합니까? 그것은 하나님이 기뻐하시기 때문입니다. 우리 가정은 모든 가족의 구성원이 하나님 중심의 가정, 신앙 중심의 가정, 주 안에서 예배하는 가정을 만들어야 합니다. 영적인 분위기를 만들어야 합니다. 이것이 행복의 근원입니다. 맥아더 장군은 훗날에 아들이 아버지를 회상할 때 "전장에서 수십만 대군을 지휘하던 5성 장군으로서가 아니라, 가정예배에서 겸손하게 기도하던 아버지로서의 자신을 기억해 주기를 바란다."고 말했습니다.

성도 여러분, 우리 모두 행복한 가정을 만들어가야 합니다. 행복한 가정은 복종하는 아내, 사랑하는 남편, 순종하는 자녀, 자녀를 주의 말씀으로 양육하는 부모, 그리고 주 안에서 하나님을 중심으로 살아가는 가정입니다. 성도 여러분, 우리 모두 주 안에서 하나님을 공경함으로 자손 대대로 축복 받는 행복한 가정을 이루어 갑시다. 아멘.

행복한 가정의 비결

초판 1쇄 인쇄 / 2004년 4월 26일
초판 1쇄 발행 / 2004년 4월 30일

지은이 / 배 굉 호
펴낸이 / 김 수 관
펴낸곳 / 도서출판 영문
122-070 서울시 은평구 역촌동 10-82
☎ (02) 357-8585
FAX • (02) 382-4411
E-mail • kskym49@yahoo.co.kr

출판등록번호 / 제 03-01016호
출판등록일 / 1997. 7. 24

파본은 교환해 드립니다.
본 출판물은 저작권법으로 보호받는
저작물이므로 출판사나 저자의 허락없이
무단 전재나 무단 복제를 할 수 없습니다.

정가 6,000원

ISBN 89-8487-139-7 03230

Printed in Korea